PICQUIGNY

ET

SES SEIGNEURS, VIDAMES D'AMIENS

VUE ANCIENNE DU CHÂTEAU DE PICQUIGNY. (CÔTÉ SEPTENTRIONAL.)

PICQUIGNY

ET

SES SEIGNEURS, VIDAMES D'AMIENS

PAR

M. F.-I. DARSY

Membre de la Société des Antiquaires de Picardie, Sous-Archiviste du département
de la Somme

ABBEVILLE
IMPRIMERIE DE P. BRIEZ
—
1860

PICQUIGNY

ET

SES SEIGNEURS, VIDAMES D'AMIENS

I

L'histoire de Picquigny, de son château-fort et de ses seigneurs, a été plusieurs fois déjà essayée et effleurée : nous le savons. Notre notice n'a pas, qu'on le croie bien, la prétention de faire mieux, mais seulement d'ajouter quelque chose à ce qui a été publié, en combinant et fondant le tout. Nous serons juste, au reste, car nous citerons les travaux de nos devanciers et ce que nous leur emprunterons, comme aussi les sources nouvelles où nous puiserons (1). Ce que nous nous proposons principalement, c'est de préciser les époques extrêmes de l'existence de

(1) Parmi ces sources, nous signalerons, dès-à-présent, les Archives communales et hospitalières de Picquigny, récemment classées par nous, selon les prescriptions ministérielles, et les Archives du département de la Somme.

chacun des vidames d'Amiens. Cette tâche qui n'a point encore été sérieusement abordée, sera la moins saillante de notre travail, quoique la plus pénible, puisqu'il aura fallu lire et coordonner plus de trois mille chartes, aveux ou autres titres; mais elle n'en sera peut-être pas la moins utile. En effet, elle tend à faire cesser l'incertitude dans la série des premiers vidames, et la confusion dans les faits et gestes de chacun. Nous n'aurons pas tout éclairci cependant, et nous ne serons assurément pas complet à notre tour : on ne l'est jamais en pareille matière; mais nous aurons ouvert la voie à des recherches nouvelles aux amateurs d'histoire locale. Ici le sujet peut s'étendre, car la puissance des seigneurs du lieu, leur valeur, la force de leurs murailles jouèrent un certain rôle dans les évènements du moyen-âge. Dans ce grand travail de reconstitution de la monarchie, de la nation même, nous verrons plus d'une fois glisser sur les murs noircis du vieux donjon la silhouette imposante de quelqu'un de ces preux chevaliers, de ces fiers et puissants barons, tandis qu'au pied des murailles apparaîtra frémissante et tenace cette figure populaire défendant ses droits et ses priviléges, que peut-être elle a payés de son sang, avec la même ardeur qu'elle mit à chasser l'étranger du sol picard, où depuis trop longtemps il s'était implanté...

II

BOURG DE PICQUIGNY. — SON ORIGINE,
SON ÉTAT ACTUEL.

Picquigny est un bourg que l'on qualifiait autrefois de ville, parce qu'il était fermé de murailles. D'un côté, il s'étend le long des rives de la Somme ; de l'autre, il s'élève en amphithéâtre sur l'un des côteaux de la vallée, que dominent majestueusement ses deux églises et les ruines de son château, toujours prêtes à s'y abymer. Distant d'Amiens de treize kilomètres, la compagnie du chemin de fer de Boulogne a placé là une station où elle verse, en passant, moins de commerçants que de promeneurs. Ce sont des touristes visitant les églises, le château, le camp de César, ou bien des chasseurs à la recherche d'un gibier aquatique de plus en plus rare. La route impériale d'Amiens à Abbeville traverse le bourg dans toute sa longueur, et la route départementale d'Amiens à Eu vient s'y relier à l'entrée de la place publique.

Quelle origine assigner à Picquigny, quel est son âge ? Des étymologistes ont cru trouver dans son nom la preuve d'une origine macédonienne (1) : ce qui n'a aucune vraisemblance ; d'autres, de son origine celtique (2). Mais les monuments écrits et positifs font défaut ici, comme presque partout ailleurs, pour prononcer sagement sur cette question. Le témoignage le plus ancien de l'existence de Picquigny, est un passage des *Grandes Chroniques de France* (3), qui mentionne la prise du château par le roi Dagobert, poursuivant sa vengeance contre les habitants d'Amiens, lesquels avaient donné passage aux Huns, qu'il défit à

---

(1) Corrozet, *Cathalogue des Villes*, etc., f° 27. — Des Rues, *Description des Villes et Places remarquables de France*, p. 119. — Voyez aussi Pagès, *La Promenade du Rempart*, Ms. édité par M. Douchet, t. III, p. 106.

(2) Labourt, *Essai sur l'origine des villes de Picardie*, dans les Mémoires de la Société des Antiquaires de Picardie, t. IV, p. 155.

(3) F° 40, r°; édit. augmentée par Chapuis. — Labourt (loc. cit., p. 150), prétend que ce passage est apocryphe.

Lihons-en-Sangterre (1). Il est encore connu par l'assassinat, en 943, de Guillaume-Longue-Épée (2).

Rien n'indique le séjour des Romains dans le bourg même de Picquigny, quoique près de là, sur une chaussée antique, on distingue bien encore les limites d'un camp romain, connu de tout le monde (3). Mais tout, au contraire, y rappelle le moyen-âge : les ruines de ses murailles et de ses portes, celles de sa forteresse, ses églises, son hospice, ses archives et ses souvenirs. Au dehors du bourg, quelques trouvailles antiques ont été faites : un vase en terre à trois anses, sur le chemin de Saint-Pierre-à-Gouy ; des monnaies romaines en bronze, au Roëmont ; des cercueils en pierre au Puits-de-Saint-Christ, une épée mérovingienne ; enfin une hâche en bronze et un casse-tête en silex, dans les marais, en 1840, etc.

Les Normands n'ont pas, assurément, épargné Picquigny dans leurs courses dévastatrices sur les bords de la Somme. On sait qu'ils ravagèrent la Picardie et spécialement l'Amiénois, périodiquement, de 846 à 883. Maîtres d'Amiens

---

(1) *Ex hist. Will. Gemetici*, p. 262.— *Chroniques de Saint-Denis*, p. 344, en D. Bouquet, t. VIII.—*Les Chroniques de France*, augm. par Chapuis, f° 88, v°.—Belleforest, *Les grandes Annales de France*, f° 96 ; il dit qu'il s'agit des Winides.

(2) Frodoard et Orderic Vital fixent à 942 la date de cet évènement.

(3) Il se nomme le *Camp de César*. Le chapitre de Picquigny avait le privilége de l'extraction de la pierre des carrières, dites *de Beaumez*, qui sont ouvertes sous le camp, dans les flancs de la colline. (Voyez *Répertoire des titres de la collégiale de Saint-Martin*, p. 28 et 31, aux Arch. départ.) Ces pierres ont servi à la construction de la cathédrale et de beaucoup d'autres églises (P. Daire, *Doyenné de Picquigny*, Ms., p. 2). Voyez aussi M. Goze, *Notice sur les villages sur le chemin de fer d'Amiens à Abbeville*, p. 11. Il parle des croupes, des boulevarts, etc.

à cette époque, ils s'avançaient impunément dans toute la contrée environnante, qu'ils pillèrent et réduisirent à la plus grande misère (1).

Picquigny était de la prévôté (2) de Beauvaisis. Un pont, qui portait le nom de *Pont des Prévôtés*, était jeté sur la Somme, à Hangest, précisément au point où se rencontraient les limites de la prévôté de Beauquesne au nord, de celle de Beauvaisis au sud-est, et de celle d'Oisemont au sud-ouest. Ce pont fut plus tard remplacé par un bac (3). C'est probablement ce même pont qui, au rapport de Monstrelet (4), servit en 1414 de passage sur la Somme aux Bourguignons, pour aller ruiner Blangy et assiéger le château de Monchaux, sur les frontières de la Normandie.

La ville de Picquigny était défendue au nord par la rivière de Somme, et des autres côtés par le château et par des murailles garnies de tours. Ces fortifications furent de plus en plus négligées, à mesure que l'importance stratégique du lieu fut reconnue moins grande, quand la nouvelle tactique militaire ou les nouveaux engins de guerre rendirent ce point inutile, ou d'une défense impossible. Nous verrons que déjà ces murailles s'écroulaient, les fossés se comblaient en 1346, qu'il fallut les rétablir pour se défendre

---

(1) Voyez Du Cange, *Histoire des comtes d'Amiens*, édit. de M. Hardoüin, p. 40, 57.—M. Cappefigue, *Essai sur les invasions des Normands*, p. 128, 134, 257, 263, 269, 270.—*Annales de Saint-Bertin.* —Guill. de Jumiéges.—*Chronic. de gestis Normann. in Francia*, etc.

(2) Les *prévôtés* étaient des subdivisions du bailliage. Dans celui d'Amiens on en comptait autrefois sept, dont trois furent supprimées dans la suite.—Le prévôt était un officier de justice. On appelait de ses décisions au bailli. Cette institution paraît remonter au xii° siècle.

(3) Voyez Archives d'Hangest-sur-Somme, série DD, 1.

(4) Chap. cxxix, p. 339.—M. Decorde, *Descript. de Blangy*, p. 39.

contre les incursions anglaises, et qu'elles se retrouvaient encore dans le même état, deux siècles après, en 1574. Dès 1424, on avait clos la porte dite *de La Chaussée*, qui s'ouvrait entre deux ponts-levis du côté de ce village, en regard duquel s'élevait un boulevart (1).

L'orthographe, la forme du nom de Picquigny a beaucoup varié. On trouve : Pikini (2), Piqueny (3), Piqueni (4), Piquegny (5), Pincheni (6), Pinkeni (7), Pinqueny (8), Pinkegny (9), Pinkengny (10), Piquigny (11), Picquigny (12),

---

(1) Voyez *Répertoire des Titres de la baronnie*, f° 75, aux Archives départ.— Invent. Archives de l'hospice de Picquigny, II. B. 2.

(2) *Chronic. Gisleberti*, apud Rer. Gallic. script., t. XIII, p. 562. —(XII° siècle.)

(3) Galiot, *La vraye et parfaite Science des Armoiries*, p. 660.— La Colombière, *La Science héroïque*. p. 210.— (XVII° siècle.)

(4) Ban de 1271, *Ad bellum Fuxense*, selon A. de Valois.— Dutillet, *Recueil des rangs des grands de France*, p. 369.— (XIII° siècle.)

(5) *Suite des Chroniques de Saint-Denis*, en D. Bouquet, t. VIII, p. 344.— De La Roque, *Traité du ban et de l'arrière-ban*, p. 57 et 98. —(XIII° et XIV° siècles.)

(6) *Cartulaire de Saint-Jean*, p. 38, col. 75. Archives départementales.— (XII° siècle.)

(7) Herman, *De Miraculis sanctæ Mariæ Laudunensis*, apud Guiberti de Novig. opera omnia, 1651, p. 540.— *Chronica Gervasii*, col. 1410.— Mathieu Paris, *Historia major*, p. 182.— (XII° et XIII° siècles.)

(8) R. Gaguin, dans le poème cité ci-après.— (XV° siècle.)

(9) Charte du vidame Jean, Archives hospitalières, II. B. 1.— *Sentences du Bailly*, Archives municipales, GG. 1.— (XIII° et XIV° siècles.)

(10) *Chronic. Gisleberti*. p. 562.— (XII° siècle.)

(11) De La Roque, ouvrage cité, p. 108.— (XIV° siècle).

(12) Ordonnance de Louis XIV, pour le marché, dans les Archives municipales de Picquigny, série IIII. 1.— (XVII° siècle.)

Péquigny (1); Piquegnei (2), Pinkeney (3) et Pckeney (4), forme anglaise; et en latin : *Pinquiniacum* (5), *Pinquingniacum* (6), *Pinchiniacum* (7), *Pinchonium* (8), *Pinconium* (9), *Pinkinium* (10), *Piquiniacum* (11), etc.

Les Anglais n'ont jamais su bien prononcer le nom de Picquigny. On raconte que ce fut un moyen de reconnaître ceux qui voulaient se faire passer pour Français, lorsqu'on les chassa du Ponthieu (12). A ce sujet, on lit dans un poème intitulé : *La Royne de bon repos*, ou *le Passe-Temps d'oisiveté*, composé par Robert Gaguin, pendant

---

(1) *Cartulaire de Saint-Jean*, p. 386.—*Hist. littér. de la France*, t. x, p. 400 et passim.—(xv° et xviii° siècles.)

(2) De La Roque, ouvrage cité, p. 47.—(xiii° siècle.)

(3) Leland, *Collect. de Rebus britann.*, vol. 1ᵉʳ, p. 200.—J. Bromton, *Chronicon*, apud Rer. Anglic. script. t. 1ᵉʳ, col. 903.—(xi° siècle.)

(4) J. Bromton, *ibid.*—Duchesne, *Rerum Normann.*, p. 1023.—(xi° siècle.)

(5) *Rerum Francorum script. : ex fragmento*, D. Bouquet, t. viii, p. 305.—Duchesne, *Maison de Montmorency*, preuves, p. 99.—(x° et xiii° siècles.)

(6) Martenne, *Ampliss. collectio*, t. 1ᵉʳ, col. 1243.—(xiii° siècle.)

(7) *Acta SS. ord. Bened.*, seculo iv, pars 1ᵃ, p. 137, n° 38.—*Ex histor. Willelmi Gemetici*, apud D. Bouquet, t. viii, p. 262, B.—*Ex libro Hugonis*, ibid., p. 320, C.—(xi° et xii° siècles.)

(8) *Cartul. de Saint-Jean*, p. 38, col. 75, et p. 203.—(xii° siècle.)

(9) *Gallia christ.*, t. x, col. 290.—(xi° siècle.)

(10) Lamberti Ardensis, *Historia Ghisnens.*, apud Rer. Gall. script., t. xiii, p. 420.—(xiii° siècle).

(11) *Gallia christ.*, t. x, col. 1281.—*Histor. à Ludovico pio ad Robertum*.—(xiv° siècle.)

(12) Des Rues, *Description des Villes*, etc., p. 22.—P. Bertius, *Descriptio Picardiæ*, p. 207.—M. H. Dusevel, *Lettres sur le département de la Somme*, p. 289.

qu'il était à la suite de François de Luxembourg en ambassade à Londres, en 1489, le passage suivant :

> Jamais François bien ne saura
> Jurer *bigo,* ne *brelare,*
> *By my trost* n'y pourfitera,
> Ne *maistre milord,* ne *sere ;*
> — Anglois aussi, tant soit cure,
> Ne formera bien *Pinqueny.*
> Nature a bien tout départy.

III

LE CHATEAU.— PUISSANCE ET RICHESSE DES BARONS DE PICQUIGNY.— VIDAMÉ.

Avant de parcourir la série des évènements et des faits intéressants de la localité, en même temps que la longue et brillante généalogie de ses seigneurs, jetons en courant un simple regard sur le château, sur ces ruines imposantes encore, qui gisent au point culminant d'une colline, dont les flancs sont coupés à pic. Ces hautes murailles blanchâtres aux profondes déchirures, tapissées du lierre toujours vert et de la clématite onduleuse, qui les enlacent de leurs mille bras, ne semblent-elles pas défier encore les éléments ? Et cependant, chaque jour, l'action du temps se fait sentir à ces ruines et les mine sourdement. Rappelons deux éboulements dont les dates sont connues (1). A la fin du XVII° siècle, « la chûte des falaises du château causa la « ruine et la destruction d'*unze* à douze maisons. » Vers 1824, un énorme pan de muraille s'affaissa et vint, en

---

(1) *Requête à l'intendant de Picardie,* du 23 septembre 1686 ; Arch. municipales, CC, 1.— M. Douchet, *Ms. de Pagès,* t. 1", p. 140, note.

roulant, écraser des granges, qu'a depuis remplacées l'hôtel-de-ville moderne. Avant cette chûte, les murs du château étaient presque entiers encore.

La remarquable épaisseur des murailles du château, ses remparts, ses poternes, les sombres voûtes de ses souterreins, ses ponts-levis, l'ogive et le plein-cintre de ses portes, ont été bien et savamment décrits par M. Goze, dans une notice qu'accompagnent un plan et une vue des ruines (1). Nous croyons donc devoir tout simplement y renvoyer le lecteur. Mais nous joignons ici une vue ancienne du château, tirée de la Bibliothèque impériale. (V. pl. Ire).

On sait que les seigneurs barons de Picquigny étaient vidames de l'évêque d'Amiens et avoués de l'abbaye de Corbie. Nous allons rechercher l'origine de ces fonctions, celle de la baronnie, la richesse et la puissance de nos seigneurs. Nous dirons ensuite leurs faits et gestes, et nous essaierons de bien préciser les époques, à l'aide de documents positifs et authentiques.

On croit que la terre de Picquigny était une des primitives baronnies du royaume, un aleu (2), que s'adjugea

---

(1) *Château, église, hôtel-de-ville de Picquigny*, dans le Recueil des églises et châteaux de Picardie et d'Artois, t. 1er.

(2) On nommait ainsi l'héritage, le domaine libre de devoirs tant pécuniaires qu'honorifiques, par opposition au *fief*, qui était tenu à charge de foi et hommage. Les possesseurs d'aleux étaient dits *leudes* ou fidèles du roi. On a fait dériver le mot aleu de *sine laude* ou *lode* (redevance, vassalité), et le mot fief de *fides* (foi) ou de *fé*, vieux mot ayant le même sens. Voyez Cujas, Pothier, Du Cange, etc. V. aussi Le Royer de la Tournerie, *Traité des Fiefs* et *Comment. sur le titre* IX *de la Coutume Norm.*; et C. de Ferrière, *Comment. sur la Coutume de Paris*, notes sur le titre 1er et l'art. 68. — M. Augustin Thierry (*Lettre X^e sur l'Hist. de France*) dit, avec plus de simplicité

quelqu'un des conquérants franks, ou qui fut donné en partage à l'un des compagnons de Clovis (1). Dans la suite, elle fut changée en fief et tomba, pour la plus grande partie, dans la mouvance de l'évêque d'Amiens. Mais à quelle époque et dans quelles circonstances s'opéra ce changement? Les uns ont pensé que ce fut alors que le baron de Picquigny devint vidame de l'évêque, et par l'effet d'une fiction féodale, d'une inféodation fictive, dont l'usage s'introduisit et devint assez fréquent à raison des avantages qu'on en tirait (2). L'évêque, pour prix des services que devait lui rendre le seigneur de Picquigny en devenant son vidame, c'est-à-dire son représentant, le défenseur de ses intérêts civils, le chef de sa milice, le juge de ses vassaux (3), lui aurait donné des fiefs importants, sous la condition qu'ils seraient unis à la terre qu'il possédait déjà comme seigneur, ne formeraient plus avec elle qu'un seul et même fief et que le vidame relèverait

et de raison, que *al-od* signifiait, en langue franke, propriété patrimoniale, et *feh-od* propriété-solde, c'est-à-dire bien employé à solder des services militaires.

(1) *Mémoire pour Calmer contre l'évêque*, 1774. Bibl. comm. d'Amiens, Histoire, n° 3830.—D. Grenier, *Notes Mss.*, paq. 24°, t. ccxiv°, f° 98. Bibl. impér.—Y eût-il alors un partage réel, régulier, du sol? Non. Sa possession était trop mobile et précaire ; elle fut probablement un fait plus qu'un droit, la plupart du temps.—Voyez sur les origines en général : Augustin Thierry, *Lettres sur l'Histoire de France ;*— l'abbé Dubos, *Histoire de l'établissement de la Monarchie française dans les Gaules ;*—Montesquieu, *Esprit des Lois*, liv. xxx. —*Patria*, col. 2031.

(2) Montesquieu, *Esprit des Lois*, liv. xxxi, chap. xxv.

(3) *Vicedominus, quod vices Domini debebat agere.* Du Cange, *Glossarium medio*, etc.— Voyez Brussel, *De l'usage des fiefs*, p. 756. —M. Bouthors, *Coutumes locales du bailliage d'Amiens*, t. 1er, p. 237.

pour le tout de l'évêque, dont il serait ainsi l'hommolige (1).

D'autres ont dit, au contraire, que le premier acte de vassalité générale du sire de Picquigny envers l'évêque fut le traité fait avec lui et l'aveu de 1302, dont nous parlerons au § VII. On peut invoquer à l'appui de cette opinion, d'abord la répugnance profonde de Jean de Picquigny à signer ce traité, répugnance bien manifestée par les termes mêmes de l'acte ; et ensuite les considérations suivantes. Dans la charte de fondation du chapitre, que nous rapporterons plus loin, le vidame Eustache ne se dit pas vassal de l'évêque, et celui-ci confirme seulement la fondation ecclésiastique et non pas la donation faite par le vidame et le démembrement de la terre de Picquigny : ce qu'il aurait dû faire cependant comme seigneur dominant, s'il eût été considéré comme tel alors. Quand saint Geoffroy intervint, comme nous le verrons bientôt, auprès de Guermond, dans ses démêlés avec le châtelain d'Amiens, comment n'aurait-il pas usé de son autorité temporelle et féodale, s'il eût été son suzerain? On pourrait citer aussi les aliénations nombreuses de fiefs par les seigneurs de Picquigny, antérieures au XIVe siècle, où l'évêque ne parait que bien rarement comme suzerain temporel *(tanquam dominus superior)*, si elles sont faites à des particuliers, et où il vient seulement comme supérieur ecclésiastique *(auctoritate episcopali)*, si elles sont au profit d'églises ou de religieux. D'un autre côté, on a remarqué que, jusqu'au milieu du XIVe siècle, les barons de Picquigny furent semons par le roi et servirent sous sa bannière : ce qui prouve qu'ils n'étaient point encore sortis, ostensiblement

(1) *Vassal ;* ce que les actes expriment ainsi : *Homo noster.*

du moins, de la classe des leudes (1). « Ce qui porta ce seigneur à abandonner la mouvance du roi et à se reconnaître vassal de l'évêque d'Amiens et de l'abbaye de Corbie, fut, dit M. Bouthors, la crainte de perdre les droits régaliens dont Philippe - le - Bel dépouillait ses vassaux (2). »

Quoiqu'il en soit, il paraît constant que les biens donnés par l'évêque à son vidame, par l'abbaye à son avoué (3), furent considérables, et que pour ceux-ci, sans aucun doute, le vidame releva de chacun d'eux. Aussi, lorsqu'il est question de quelqu'un de ces biens, l'évêque nomme-t-il le vidame *fidelis noster*. Quant à la terre de Picquigny, au domaine proprement dit de la baronnie, probablement ne fût-il jusqu'au XIVᵉ siècle qu'un fief de dévotion et par conséquent sans charges, relevant des *reliques* (4) de saint Firmin. Mais le traité et le dénombrement de 1302 auront

---

(1) D. Grenier, *Notes Mss.*, ibid, fᵒ 92.—*Gallia christ.*, t. X, instr. eccles. Ambian., col. 290.—*Cartul. du Gard*, passim, Arch. départ. —*Recueil de Mémoires concernant le procès contre l'évêque, pour la mouvance de Picquigny ;* pièce pénultième, deux. partie, p. 9, 14, 17. Bibl. d'Amiens.—De La Roque, *Traité du ban*, p. 47, 56, 98, 103, 108.

(2) *Coutumes locales*, t. 1ᵉʳ, p. 209.—Voyez aussi sur ce mode de précaution : Du Cange, *Histoire des comtes d'Amiens*, p. 382 ;— Lambert d'Ardres, ouvrage cité.

(3) Le titre et les fonctions de l'avoué avaient une grande analogie avec ceux du vidame : c'était le protecteur d'une abbaye.

(4) De La Morlière (*Antiquités d'Amiens*, p. 30), et le P. Daire, (*Histoire d'Amiens*, t. II, p. 131, et *Doyenné de Picquigny*, ms., p. 5), disent que ce fief relevait du *bras* de saint Firmin ; De Court (*Histoire civ. et ecclésiast. d'Amiens*, Ms., copie de la Bibl. d'Amiens, t. II, p. 800), dit de ses *reliques*, et il s'accorde mieux avec la transaction de 1634 que nous allons rappeler, qui dit du *corps* de saint Firmin.

changé en devoirs féodaux de simples devoirs religieux. C'est à peu près ainsi que Du Cange explique l'origine de la suzeraineté de l'évêque sur le comté d'Amiens. Par un privilége spécial peut-être du roi Dagobert, à cause de sa dévotion à saint Firmin, le comte se reconnut vassal des évêques (1). Ainsi le comté d'Amiens, l'Amiénois, dont Picquigny faisait partie, au moins à titre d'enclave, serait tombé dans la mouvance de l'évêché. Les comtes d'Amiens firent hommage à l'évêque, et Philippe-Auguste lui-même, lorsqu'il devint possesseur du comté en 1185, eut dû cet hommage, si les règles de convenance ne s'y fussent opposées (2).

La tradition, malgré tout ce qui avait pu être fait féodalement de contraire, conserva toujours le souvenir du franc-aleu et du simple fief de dévotion. En effet, on lit dans une déclaration sur le fait des francs-fiefs, donnée le 20 août 1634, par les échevins, corps et communauté de Picquigny et par les habitants de La Chaussée, que « le
« vidamé d'Amyens, baronnye, seigneurie et marests com-
« muns de Picquigny et de La Chaussée, ont de tout temps
« été ung seul fief en franc-aleu non tenu par mouvance du
« roy nostre sire, ny d'autres seigneurs, sinon dévoué
« par honneur et dévotion au corps de saint Firmin-le-
« Martir, premier évesque d'Amyens... (3) »

Les documents connus jusqu'à ce jour ne permettent pas

---

(1) Voyez *Histoire des comtes d'Amiens*, p. 382; et, à la p. 358, l'analyse du procès-verbal de délimitation du comté d'Amiens, fait au mois de juin 1186.

(2) Du Cange, *Histoire des comtes d'Amiens*, p. 341, 382, 388, 391, 410.—M. Bouthors, loc. cit., p. 233.

(3) Archives municipales de Picquigny, série DD, 1.

de préciser l'époque à laquelle le baron de Picquigny devint vidame de l'évêque et avoué de l'abbaye de Corbie. Il est constant seulement que ce fut bien antérieurement au traité et aux dénombrements de 1300 et de 1302.

Nous renvoyons ceux qui seraient curieux d'étudier à fond la question de mouvance, tant aux nombreux et volumineux mémoires qu'ont publiés, de 1774 à 1783, l'évêque et ses adversaires, dans un procès dont nous parlerons au § ix, qu'au *Cartulaire des Fiefs* et au *Répertoire des Titres de la baronnie de Picquigny*, à l'*Inventaire des Titres de l'Évêché* et aux autres documents que nous citerons chemin faisant.

Remarquons ici qu'une condition importante avait été imposée au vidame, c'est que le domaine de la baronnie et du vidamé ne pourrait jamais être tellement diminué par dons ou aliénations qu'il ne restât au moins un revenu de mille livres en terres attachées au château.

Le vidame relevait son fief tant de l'évêque d'Amiens que de l'abbé de Corbie par dix livres parisis et cinq livres de chambellage. Anciennement, il devait un manteau au chambellan, mais cette charge fut convertie en argent par Philippe-le-Hardi, le 31 août 1272 (1). Comme signe de l'investiture qui était donnée au vidame, de la tradition réelle du fief, il recevait un anneau d'or, celui de l'évêque orné d'un saphir (2). Le vidame devait aussi, en cette

---

(1) P. Daire, *Doyenné de Picquigny*, Ms., p. 5. — « Pallium suum (debet) cambellano... » Rôle des feudataires de Corbie vers 1200 (*Coutumes locales*, t. 1er, p. 318).

(2) Voyez Traité et Dénombrements de 1300 et 1302 dans : *Inventaire de Corbie*, t. III, p. 421 ; — *Inventaire de l'Évêché*, f° 100 ; — *Répertoire des Titres de la baronnie*, f° 31.

qualité, fournir chaque année, le jour de la fête de saint Firmin-le-Martyr, à l'heure de l'offrande de la grand'messe, un cierge du poids de cinquante livres, à ses armes, lequel était présenté à la cathédrale, autrefois par le maître des sesteliers (1) de Picquigny, et, vers 1720, par le sieur de Francières, d'Amiens. Il en devait un second à cause de sa seigneurie de Vinacourt et un troisième à cause de sa seigneurie de Raineval (2).

On a remarqué que, parmi les terres de la seigneurie, presque toutes celles qui se trouvaient au nord de la Somme étaient de la mouvance de l'abbaye de Corbie, et celles du côté du midi de la mouvance de l'évêché (3).

Les priviléges et droits de juridiction des vidames dans la ville d'Amiens étaient nombreux. Ils percevaient des droits sur les boulangers, d'autres sur les grains vendus au marché, sous les noms de mesurage, stérage et piquetage; enfin, ils prenaient part aux amendes prononcées en l'hôtel-de-ville. Leur juridiction s'étendait dans toute la partie de la ville comprise entre la rivière dite l'*Eau des Merderons* jusqu'à la porte de la Hotoye, et de là jusqu'au *Pont-Hangier* ou *Pont-à-Glaines*. C'est pourquoi tout ce quartier ressortissait à la prévôté de Beauvaisis (4).

---

(1) On nommait *sesteliers* ou *sesteriers* les mesureurs, et *sestelage*, *sesterage* ou *stérage* le droit sur le mesurage des grains.

(2) *État des charges dont le fermier est tenu*, etc., aux Arch. mun. de Picquigny. Invent. GG, 14. — *Compulsoire à l'effet de prouver la mouvance*, 1505; voyez *Inventaire de l'Évêché*, f° 106. On y établit que, le même jour, il en était présenté six, dont deux par le roi, à cause de sa prévôté d'Amiens, et un par le châtelain de Boves.

(3) D. Grenier, *Notes Mss.*, paq. 24°, t. ccxiv, f° 72. — *Inventaire de l'abbaye de Corbie*, t. III, p. 421. Archives départementales.

(4) *Répertoire des Titres de la baronnie*, f°° 53, 55, 56, 60. — P. Daire, *Histoire d'Amiens*, t. 1er, p. 37.

L'hôtel du vidame situé dans ce quartier, au lieu nommé encore aujourd'hui *le Vidame*, était baillé à cens dès 1608. En 1550, une partie des jardins avait été prise pour les fortifications de la ville (1).

Ce que nous avons dit des grands biens donnés au vidame, des conditions qui lui furent imposées et de l'importance même de sa dignité, fait assez comprendre comment et pourquoi la qualité de seigneur se confondit souvent avec celle de vidame, ou plutôt fut à peu près absorbée par elle. Au reste, selon Duchesne, on voit souvent les avoués et les vidames attribuer à leur seigneurie le titre de leur charge, sans qu'il faille rien en induire.

La terre de Picquigny, indépendamment des dons de l'évêque et de l'abbaye de Corbie, s'accrut successivement par les riches alliances que contractèrent ses possesseurs. Et dans le xviiie siècle, on comptait dans la mouvance de cette baronnie au moins sept cents fiefs ou parties de fiefs, tant grands que petits, fiefs tenus en pairie, en plein hommage ou abrégés (2). Parmi ces fiefs, il y avait soixante-quatre terres à clocher. La châtellenie de Vinacourt, qui tenait dans sa mouvance quatre cent quarante-trois fiefs ou parties de fiefs, dont seize terres à clocher, ayant été réunie, à la fin du xive siècle (3), à la baronnie de Picquigny, celle-ci additionnait le nombre bien remarquable de plus de onze cent quarante fiefs ou parties de fiefs et de quatre-vingts terres à clocher : ce qui embrassait, selon

---

(1) P. Daire, loc. cit., p. 503.—*Répertoire de la baronnie*, f° 55.

(2) Le fief *abrégé* est celui dont une partie du domaine et de la justice a été éclipsée ; et le fief *restreint*, celui auquel aucun droit de justice n'est annexé. (Voyez M. Bouthors, *Coutumes locales*, t. 1er, p. 241.)

(3) Voyez § vii ci-après.

le P. Daire, plus des trois quarts de l'Amiénois. Les ouvrages héraldiques ont exprimé la puissance de cette maison par le dicton suivant :

> Picquigny, Moreuil, Roye,
> Ceints de même courroie,
> Feraient la guerre au roi.

M. Goze a nommé les principales mouvances de la baronnie. Nous ne croyons pas devoir refaire cette longue énumération. Nous y ajouterons seulement la terre et seigneurie de Molliens-en-Beauvaisis et celle de Coin-en-Artois. Disons aussi que la forêt d'Ailly, l'un des principaux fiefs, contenait neuf cents journaux, c'est-à-dire trois cent quatre-vingts hectares (1); et que la terre de Saint-Sauveur portait jadis le nom de Hédicourt. On y adjoignit vers le XV° siècle celui de l'église, *Saint-Sauveur*, qui finit par prévaloir, et l'autre disparut tout-à-fait à la fin du XVI° siècle (2). Les vidames de Picquigny avaient encore des biens en Normandie au XIII° siècle (3).

Nous avons remarqué parmi les nombreux fiefs mouvants de Picquigny celui de *Tanfroid* à Molliens-Vidame, celui

---

(1) *Cartulaire des terres, châtellenies, etc., de la baronnie de Picquigny*, dressé en 1771, aux Archives départementales.— *Répertoire de la baronnie*, f° 225, 226.— *Doyenné de Picquigny*, Ms., p. 4.

(2) Dans les titres des XI° et XII° siècles, on lit : *Haidicourt* et *Haidincourt;* en 1206 et 1240, *Hédicourt;* en 1208, *Hédincourt;* en 1463, *Hédicourt que l'on dit Saint-Sauveur;* dans les comptes de la baronnie de 1503 à 1538, *Hédicourt alias Saint-Sauveur;* et enfin dans ceux de 1595 et suivants, seulement *Saint-Sauveur.* (Voyez *Répertoire de la baronnie*, f° 66, 72, 92, 163.— *Recueil de pièces pour l'Histoire de Picardie*, Bibl. d'Amiens, factum 1696, p. 1.— Carte de Cassini, etc.)

(3) D. Martenne, *Ampliss. collect.*, t. I°, col. 1243.

de *Tanfol* à Clairy, nom que nous allons retrouver ailleurs et qui nous occupera, et à Amiens le *fief aux souliers*, qui consistait en un cens sur la prévôté et sur le droit et étalage des souliers par les cordonniers. Une charte de l'an 1151 du seigneur de Flescicourt (Flixecourt) mentionne un fief dit de la *pierre cloée* ou *clavée (petra clae vel clavata)*, assis du côté de Vinacourt, tenu de Picquigny et mouvant de Corbie. Y avait-il là quelque pierre fichée, clouée en terre, un menhir ou une colonne miliaire? (1).

Le P. Daire évaluait à quatre-vingt-dix mille livres (2), à la fin du xviii⁰ siècle, le revenu de la terre de Picquigny, non compris le droit de chaîne perçu sur les bateaux (3), lequel produisait deux mille livres.

Pour bien nous rendre compte de la puissance du sire de Picquigny, rappelons ici les nombreux attributs qu'on en rencontre à chaque pas. Il figure à l'armée et dans les conseils parmi les premiers barons du royaume; auprès de lui on voit un chambellan, un maître d'hôtel, etc; l'autorité s'exerce en son nom par un bailli; il a un droit de police sur les rivières; sa cour féodale est composée de pairs qui l'aident à rendre la justice; il sanctionne les contrats entre ses vassaux, fonde et protége les établissements religieux, octroie aux communes des priviléges, leur concède ou confirme des terres et des pâturages communs;

---

(1) *Répertoire de la baronnie*, f⁰ 180, 309.—D. Grenier, *Notes Mss.*; f⁰ 134.—Ce fief est marqué en la carte de De Vauchelle, 1778.

(2) *Doyenné de Picquigny*, Ms., p. 4.—Les *Mss. de Pagès*, t. iii, p. 106, ne portent ce revenu qu'à vingt mille livres : ce nous paraît une erreur.

(3) Ce droit de chaîne constituait un impôt sur les bateaux qui, montant ou descendant la Somme, passaient sur les domaines de la baronnie.

enfin il bat monnaie. Ce droit de battre monnaie résulte clairement de la transaction de 1302 : « Si comme il « appert... en moult de choses dont ils ont usé et exploité « paisiulement, si comme de donner à leurs enfants...; de « fonder et estorer prouvendes...; de *faire monnoie* propre « courant en leur terre et en leurs fiefs... »

Malgré la très-grande probabilité que les barons de Picquigny aient usé d'un privilége qu'on ne négligeait guère, on n'a trouvé ou du moins reconnu jusqu'à présent aucune monnaie à leur coin. Nous espérons cependant que les recherches d'ardents numismates, que nous savons s'en occuper, ne resteront pas toujours infructueuses.

La critique moderne a fait justice de ces prétendues charges écrasantes qui pesaient au profit des seigneurs sur leurs vassaux, possesseurs ou fieffataires des biens qui provenaient de leurs domaines. Nous n'avons pas à apprécier de nouveau cette question. Mais nous allons livrer à la curiosité du lecteur quelques-unes des redevances féodales de la seigneurie. Il remarquera qu'elles sont de natures diverses. Par les unes, on a prévu aux besoins de la guerre et de la paix; par les autres, aux besoins matériels du château; par d'autres enfin, aux cérémonies de la religion : le tout sans ordre, sans idée préconçue, mais selon l'entraînement de l'époque où les fiefs étaient concédés.

En 1210, Renaud d'Amiens, seigneur de Vinacourt, déclarait devoir six semaines de service à Picquigny, avec armes, *sans* femme, s'il y avait guerre, et être obligé, si le vidame le faisait avertir *pour faire feste,* de s'y rendre *avec* sa femme et d'y demeurer huit jours à ses dépens, mais avec cette réserve que si le vidame partait et ne rentrait pas le soir, Renaud pouvait quitter

Picquigny, en emmenant sa femme et sa famille. — En
1279, Pierre de Sesseval, écuyer, reconnaissait devoir faire
chaque année deux mois de stage au château de Picquigny,
avec obligation d'y mener sa femme. On est au xiii° siècle :
c'est l'époque de la chevalerie, des tournois et des fêtes.
Les grands seigneurs ne se contentent pas d'attirer, par
l'éclat de celles-ci, leurs nobles vassaux : ils leur en font
une obligation de fief. A ce moyen, ils se créent une petite
cour, qui viendra, dans les plaisirs, oublier les fatigues des
combats, adoucir la rudesse de ses formes, la barbarie de
ses mœurs, au contact des dames, aux doux accents des
troubadours. — Le fief du Rozel devait une paire d'éperons
dorés, ou dix sols parisis ; — le bois Thibault, un éperon
doré, ou cinq sols ; — un autre devait une paire d'éperons
en fer, ou deux sols ; — le fief Butin, sis à Vinacourt,
devait de reconnaissance annuelle un *hambourg* (1) et deux
flèches ferrées de fer barbé, ou pour la valeur vingt sols,
selon aveu du 10 novembre 1499. — Plusieurs fiefs au même
lieu, dont l'un nommé les Routieux-d'Arpenan, devaient
une paire de gants de cerf, ou cinq sols pour la valeur.
— Les habitants de Flixecourt étaient tenus de payer au
vidame, tous les ans, le jour de saint Leger, et de porter
au château un lot de vin, mesure de Flixecourt, et un
verre de fougère (2), pour la permission qu'ils avaient
obtenue, en 1575, de faire un abreuvoir en la Somme. —
Un fief à La Chaussée devait un brochet, ou deux sols

---

(1) C'était probablement une sorte d'arc. Le mot ne se trouve pas
dans le *Glossaire* de Du Cange, ni dans ses continuateurs. Henschel
donne : *ambourg*, aubier.

(2) Voyez *Art de la Verrerie*, par Néri, Merret et Kunckel, p. 22,
comment on tirait de la fougère le sel (potasse) propre à la fabrication
du verre, et quelle qualité supérieure il donnait.

pour la valeur, en 1573; — les prévôt, mayeur et échevins de Molliens-Vidame, un panier de merles (1), tous les ans, le jour de saint Simon saint Jude, par reconnaissance de la concession du droit de commune à eux faite par Enguerran de Picquigny, en 1209. — Une maison, sise à Hangest, devait une livre de poivre, ou dix sols parisis; — deux fiefs abrégés sous le nom de *Camp du Poivre,* sis l'un à Flixecourt et l'autre aux terroirs de La Chaussée et de Belloy, payaient aussi chacun une livre de poivre; — un autre fief à Vinacourt, trois quarterons deux onces et demie et la quinzième partie d'une once de poivre; — un fief sur Cardonnette et Coisy, huit livres de cire, ou cinq sols parisis pour la valeur de chaque livre. — Aux fiefs de la Justice, du Petit-Cerf et autres, était attachée l'obligation de porter le dais à la procession solennelle de la Sainte-Trinité. — Enfin, le manoir de Michel Lagaux, avec ses dépendances, terre et pré, fut mis en franc-fief par lettres de Renault de Picquigny du mois de juillet 1313, à la charge par le fieffataire: « de faire peindre... en suivant
« la vigile de la Trinité, la pierre là où reposent les corps
« saints de la férie de l'église Saint-Martin de Picquigny,
« le jour de la feste de la Trinité, et de si souffisantes
« peintures comme il est accoustumé de peindre ladite
« pierre; sur laquelle pierre ledit Michel Lagaux ou ses
« hoirs seront tenus de mettre deux douzaines de belles
« verges pelées, que les chevaliers qui seront à la pro-
« cession prendront, s'il leur plaist. » Ce fief paraît être le même que celui connu depuis sous le nom de *Fief de la*

(1) Telle est la leçon du *Répertoire de la baronnie,* f° 118-r°. Mais nous croyons qu'il faut lire *mêles* (*melata,* nèfle). En effet, l'on ne comprend guère un panier plein de merles, tandis que l'autre sens est tout naturel.

Vigne (1). La pierre dont il s'agit était placée au bas de l'escalier qui conduit à l'église, et, selon la tradition, elle aurait servi à saint Firmin lorsqu'il évangélisa le pays (2).

Il serait curieux de rapprocher les prix des denrées et des autres objets que nous venons d'énumérer de leurs prix actuels, en tenant compte, bien entendu, de la différence des valeurs monétaires.

IV

PREMIERS BARONS ET SEIGNEURS DE PICQUIGNY. — LEURS FONDATIONS RELIGIEUSES ET CHARITABLES.

On ignore complètement les noms des premiers qui possédèrent en aleu la terre de Picquigny. Le P. Daire parle d'un baron de Picquigny en 613, lequel n'avait point le titre de vidame. Il n'en dit pas d'ailleurs le nom (3).

Il faut descendre jusqu'au xi⁰ siècle pour rencontrer des données positives. « Eustache est le premier qu'on puisse « trouver pour poser un *estoc* de la généalogie, » nous dit

---

(1) Il n'est pas douteux que la vigne était encore cultivée en Picardie au xiv⁰ siècle. Nous en avons une preuve dans une commission donnée en 1356 par le lieutenant du bailli d'Amiens, pour mettre fin à un procès intenté par l'abbé du Gard contre le mayeur et les échevins d'Abbeville, qui demandaient un impôt sur les vins vendus par les religieux, en leur maison du *Petit-Gard* à Abbeville, « liquel vin avoient crû ès vingnes desd. religieus au Gart. » (*Cartulaire du Gard*, t. 1ᵉʳ, p. 269 à 276. Archives départementales.)

(2) *Répertoire de la baronnie*, fᵒˢ 80, 81, 212, 216, 217, 221, 253, 276, 287, 299, 304, 316, 333, 392, 413, 414. — P. Daire, *Doyenné de Picquigny*, Ms., p. 10. — M. Bouthors, *Coutumes locales*, t. 1ᵉʳ, p. 216.

(1) *Histoire de la ville d'Amiens*, t. 1ᵉʳ, p. 40.

l'historien de La Morlière. Cependant, on sait qu'il eût pour père :

Guermond, et pour mère Adèle, dont il est question au nécrologe d'Amiens, où son obit est fixé au 2 des calendes de janvier (1), selon le P. Daire.

Eustache — 1066-1085 — a dû faire partie des membres de cette famille qu'on voit figurer parmi les conquérants normands, sous le nom de Pekeney et Pinkeney, dans les listes publiées par Duchesne, Bromton et Leland (2). Ils eurent en partage, sans doute, des biens assis en Angleterre, dans les cantons d'Essex et de Northampton, puisqu'ils y fondèrent des monastères.

Il est présumable que ce fut avant de partir à la suite du duc Guillaume qu'Eustache fonda le chapitre de Saint-Martin de Picquigny, dont nous parlerons plus loin. Faisons seulement remarquer ici que dans la charte de cette fondation il s'intitule vidame.

En 1085, Eustache donna à l'église de Saint-Acheul deux setiers de froment, à prendre sur son sestelage d'Amiens, comme on le voit à la fin d'une charte par laquelle Roricon, évêque d'Amiens, affranchit ladite église, alors simple prieuré, de toute redevance envers l'évêque et ses officiers (3) : *De redditu sextarii nostri in Ambianica civitate sextarios duos de frumento, uxore mea et filiis annuentibus...*

---

(1) P. Daire, loc. cit., p. 41.—D. Grenier, *Notes Mss.*, t. ccxiv, paq. 24°, f° 89.—Piganiol de La Force, *Description de la France*, t. ii, *Picardie*, p. 166.

(2) Voyez ces listes reproduites en l'*Histoire de la Conquête de l'Angleterre*, par M. Augustin Thierry, t. i", p. 450 et suivantes.

(3) *Cartulaire de Saint-Acheul*, f° 8-r°.—Cette charte a été imprimée dans le *Spicilége*, t. ii, p. 601, et dans les *Conciles* du père Labbe, sous l'année 1085.

trado, » dit le vidame. Ce titre établit que sa femme vivait encore et qu'ils avaient plusieurs fils; mais ni eux, ni elle ne sont nommés.

A sa mort, Eustache fut inhumé sous l'orgue de la collégiale, où on le voyait représenté en chevalier armé à l'antique, couché sur une tombe élevée de terre (1). M. Goze dit que l'on y distingue encore les fragments de cette tombe. Nous n'y avons trouvé qu'une pierre bleue plate, sur laquelle est *gravé* un personnage dont la tête seule était en relief et en pierre blanche incrustée. L'encadrement est composé d'ogives. Nous pensons que c'est une œuvre du XIV⁰ siècle.

Eustache avait trois frères : Jean, archidiacre d'Amiens, et Hubert, lesquels concoururent à ladite fondation, et Guermond, qui souscrivit en 1069 la charte par laquelle Raoul de Crépy, comte d'Amiens, céda à l'église d'Amiens tout ce qu'il avait en la terre de Conty (2). Guermond, que les historiens nomment aussi Gormond, suivit Godefroy de Bouillon en Terre-Sainte. Son mérite et ses vertus le firent nommer patriarche de Jérusalem, à la mort d'Arnould, arrivée au mois d'avril 1118. Pierre-le-Vénérable, abbé de Cluny, lui écrivit pour le féliciter sur son avènement et recommander son ordre à ses prières. « Cette lettre (3), lui dit-il, nous rendra, quoique absents, toujours

---

(1) P. Daire, loc. cit., p. 41.—De Court, *Histoire civile et ecclésiastique d'Amiens*, Ms., copie de la Bibl. comm. d'Amiens, t. II, p. 802.

(2) D. Grenier, loc. cit., f⁰⁸ 88, 89, 105.—A. Duchesne, *Histoire des comtes de Guines*, preuves, p. 317.—*Cartulaire d'Amiens*, t. 1ᵉʳ, pièce lxxviij, p. 91.

(3) « ...Ut inconvulsam nostri memoriam perpetuo habeatis, corpore absentes, literis presentes rogamus... » Epist. 47, apud *Maxima Biblioth. Patrum*, t. II, p. 895.

présents pour vous. » Ce fut ce patriarche qui assembla, en 1120, le concile de Naplouse (Sichem), auquel assista Baudouin, roi de Jérusalem. Il mourut en odeur de sainteté l'an 1128, d'une maladie qu'il gagna au siége d'un château près de Sidon (1).

Des généalogistes donnent pour successeur à Eustache un fils nommé Pierre. Nous ne savons sur quel fondement. Mais Lambert d'Ardres et Meyer citent, vers l'époque de sa mort, un autre vidame :

Arnould ou Ernulphe, dont la fille Milesende, qu'ils disent issue du sang royal *(ex regio Caroli magni sanguine orta)*, épousa, en 1084, Guillaume, châtelain de Saint-Omer, qui donna son appui à Arnould-le-Grand, premier du nom, comte de Guines. Ce Guillaume est nommé comme témoin en la charte confirmative de la commune de Saint-Omer, donnée en 1127 par Guillaume-le-Normand, nouvellement élu comte de Flandre (2). De Court, d'après les notes du P. Maurice Du Pré, dit qu'Arnould était frère d'Eustache. N'était-il pas son fils ?

On voit, du reste, par les distances entre les dates extrêmes que nous constatons, qu'il doit y avoir ici une lacune.

Guermond ou Wermond (3) — après 1112-1131 — que

---

(1) *Histoire littéraire de la France*, t. ix, p. 138, et t. x, p. 400. — Guillaume de Tyr, liv. xii et xiii. — Fleury, *Histoire ecclésiastique*, t. ix, p. 643, 682, 739. — Guy Coquille, *Des Patriarches*.

(2) Lamberti Ardensis *Historia Ghisnens.*, cap. xxxxvi ; apud Rer. Gall. script., t. xiii, p. 429. — A. Duchesne, *Histoire des comtes de Guines*, p. 53, et preuves, p. 79, 90, 91. — Meyer, *Annales rerum Flandricarum*, p. 30.

(3) Duchesne (*Généal. de Châtillon*, p. 645,) dit que ce nom était commun, au xi° siècle, dans les familles de Picquigny et de Roye. — On

quelques-uns ont cru fils de Pierre, les autres d'Eustache, et qui l'était peut-être d'Ernulphe (1), passe pour avoir été un seigneur cruel et méchant, comme il s'en trouvait beaucoup dans ces temps de barbarie.

Dans les démêlés des habitants d'Amiens avec leur comte, à raison de l'érection de la commune, Guermond les aida contre Enguerran de Boves et son fils, le célèbre Thomas de Marle, qu'il blessa même grièvement d'un coup de lance dans le jarret — 1115 — (2). Il fit ensuite prisonnier Adam, châtelain d'Amiens, qu'il surprit au retour d'un voyage en Flandre, et il l'enferma dans son château de Picquigny. Après avoir durement refusé sa liberté au saint évêque Geoffroi, qui était venu la solliciter en personne, il se vit contraint de l'offrir bientôt, pour se racheter lui-même des mains du comte de Ponthieu, son ennemi, qui l'avait fait prisonnier à son tour.

Herman (3) cite, en 1120, une sœur de Guermond de Picquigny, mariée en Angleterre avec un riche seigneur nommé Joelle de Totenes.

Guermond mourut vers 1131. Son épouse, nommée Béatrix lui survécut et fut inhumée le 16 des calendes de mars (13 février) 1144, devant la porte de l'église de l'abbaye de Saint-Jean. Elle lui avait donné deux garçons: Gérard et Ingelran; et quatre filles: Béatrix, dame de

---

le trouve encore dans d'autres familles. Nous citerons : Wermond, fils d'Abraham de La Pierre (*Wermundus filius Abrahæ de Petra*), souscrivant une charte de Henri, comte d'Eu, datée de 1109.

(1) D. Grenier, *Notes Mss.*, loc. cit., f° 92 et 98.—De La Morlière, *Recueil des illustres Maisons de Picardie*, p. 9.

(2) Du Cange, *Histoire des comtes d'Amiens*, p. 263.—De La Morlière (loc. cit., p. 8,) dit que la blessure fut faite *au genou*.

(3) *De miraculis sanctæ Mariæ laudunensis*, lib. II, cap. XVII, p. 510.

Daours *(domina de Durs)*; Adèle *(Ada),* mariée à Dreux *(Drogo)* de Monchy; Euphémie *(Eufemia),* mariée à Renault de Bulles, et Gila. Ils assistèrent tous, avec les trois enfants de Gérard et Manassès de Bulles, frère de Renault, aux funérailles de Béatrix, comme le constate une charte dudit jour. Euphémie se fit, en 1149, religieuse à Garinville (1).

GÉRARD OU GIRARD (2) — 1131-1178 — succéda à son père en la seigneurie et au vidamé, en qualité d'aîné.

Imitant la piété de ses ancêtres, ou plutôt suivant l'entraînement du siècle, il consacra une partie de ses biens à des fondations religieuses et charitables, la léproserie de Tamfol et l'abbaye du Gard entre autres, sur lesquelles nous donnerons des détails aux §§ XI et XII.

Gérard concourut aussi par ses aumônes à la fondation de l'abbaye de Saint-Jean-lès-Amiens. C'était précédemment un simple prieuré, fondé en 1115, en l'honneur de saint Firmin, par Mathilde, pour le repos de l'âme de son frère Adelelme, tué dans les troubles d'Amiens. En 1124, la règle de Prémontré y fut introduite, et un certain Raoul, surnommé *Qui-ne-Rit-point* (qui non ridet), l'aumôna de tous les biens qu'il possédait (3). Parmi les biens que, de son côté, le vidame donna, quelques années après, se trouvait le lieu nommé Bertricourt, où ils transportèrent leur résidence en 1136. Ce monastère étant double, suivant l'usage d'alors, Béatrix, mère de Girard,

---

(1) *Cartulaire de l'abbaye de Saint-Jean,* p. 38.—De La Morlière, loc. cit., p. 9.—*Répertoire des titres de la baronnie,* f° 2-r°; extrait du livre rouge.

(2) On lit dans les historiens et les chartes tantôt *Gerardus* et tantôt *Girardus.*

(3) *Gallia christiana,* t. X, col. 1354.— *Cartulaire de Saint-Jean,* page 141.

s'y retira, Gisla de Picquigny étant abbesse *(magistra)* du couvent des femmes (1). Ce n'est pas ici le lieu d'entrer plus avant dans l'histoire de cette abbaye.

Il n'était pas rare, en ces temps de barbarie, de voir le même personnage mettre en contradiction sa conduite du jour avec celle du lendemain, faire ici des œuvres de piété, les détruire là-bas, selon les besoins de sa politique, ses impressions religieuses et le jeu de ses passions. En l'année 1154, Gérard de Picquigny, Gautier Tyrel et Bernard de Saint-Valery avaient, nous ne savons pour quelle cause, pillé quelque cense appartenant à l'abbaye de Saint-Pierre de Selincourt et emmené les bestiaux. Le pape Alexandre III écrivit le 4 des calendes d'avril de ladite année aux archevêques de Reims et de Rouen, qu'ils eussent à forcer les coupables à réparer les torts faits à l'abbaye, sous peine d'excommunication de leurs personnes. Il ajouta que si ce moyen n'était pas efficace, la mesure devrait être étendue à leurs domaines, où l'office divin serait interdit : le baptême seulement serait donné aux enfants et l'extrême-onction aux mourants (2). Il est probable qu'on n'en vint pas à cette extrémité, quant au vidame du moins, car on trouve qu'il fit un accord avec Gautier, abbé de Selincourt, en la même année, et ce fut probablement à ce sujet (3). —Par autres lettres du 10 des calendes de juin suivant (4), le même pape chargea encore l'évêque de Reims de suivre

---

(1) *Gallia christ.*, t. x, col. 1354, c.—C'était probablement la même que Gila, fille de Béatrix et de Guermond.

(2) D. Grenier, *Notes Mss.*, ibid, f° 89.—D. Martenne, *Ampliss. coll.*, t. II, col. 826.

(3) *Gallia christ.*, ibid.

(4) *Ampliss. collect.*, t. II, col. 837.—Déjà, nous avons cité ailleurs un semblable acte de pillage qui fut bien sévèrement puni. Voyez

la réparation de torts graves que le vidame d'Amiens avait faits à l'abbaye de Cercamps.

C'est de ce même vidame qu'il s'agit dans un passage d'une lettre de Richard, évêque d'Amiens, noté par Du Cange en son *Glossaire*, au mot *vicedominus* : « Servavit domos et redditus episcopi, sede vacante, post decessum felicis recordationis Theodorici episcopi, etc. (1) ; » ce qui veut dire qu'il s'opposa à l'exercice de la *régale*. On donnait ce nom au droit qu'avait la couronne de disposer des prébendes et par suite d'en percevoir les revenus, pendant la vacance du siége. L'église d'Amiens avait été dispensée de cette obligation de fief envers son seigneur, le roi (2).

Gérard mourut, selon toute apparence, en 1178, car au cartulaire du Gard on trouve une donation datée de cette année, faite par lui en présence de ses trois fils, puis une confirmation de celle-ci, consentie par Guermond (*Weremundus*), son successeur, en ladite année, en présence de ses deux frères.

Gamaches et ses Seigneurs, page 82, où, dans le récit des faits et gestes de Bernard de Saint-Valery, seigneur de Gamaches, nous n'avons point parlé de sa participation au pillage de Selincourt, que nous ignorions. — Un fait analogue se passa à Pernois en 1322 ; Jean de Picquigny, seigneur de Saint-Win, avec ses gens, injuria et battit ceux de l'évêque, puis assiégea sa maison de Pernois. Une sentence de condamnation corporelle fut prononcée pour ce fait le 22 octobre 1322, en présence, entre autres, de Milon de Marsy, Gérard de Picquigny et Anselme de Kayeu. (Archives de l'évêché, *Inventaire*, f° 195-v°). La peine fut plus tard commuée en une somme de quatre cents livres. (D. Grenier, *Notes Mss.*, f° 90.)

(1) Voyez *Répert. baronn.*, f° 2-r°.; extrait du livre rouge, p. 9.

(2) Voyez Du Cange, *Histoire des comtes d'Amiens*, aux additions, p. 407 et suivantes. — Brussel, *Usage des Fiefs*, t. II, p. 766.

Il fut inhumé dans le cloître de l'abbaye du Gard, auprès des degrés qui montent à l'église, où l'on voyait son tombeau sous une petite arcade, sans figure aucune.

Gérard s'était marié deux fois : sa première femme nommée Mathilde, morte en 1144 (1), lui laissa trois enfants : Guermond ; Pierre, qui épousa une dame du nom de Béatrix ; et Jean, prévôt et chanoine d'Amiens. De la seconde, nommée aussi Béatrix, que l'on croit fille de Étienne, comte d'Aumale, il eût : Gérard, Enguerran, Thibault, Willaume, Robert, Marguerite, Mathilde et Béatrix (2).

De Court dit que Willaume fut chanoine d'Amiens (3). J. Bromton cite aussi un Willaume de Pinkeny, tué au siège de Ptolémaïs (4). Qu'est-ce que le Gilbert de Pinkeni, dont parle la chronique de Gervais (5), qui fut l'un des commissaires chargés par le roi d'Angleterre, Henri II, d'une enquête dans les comtés d'Angleterre, en 1170, pour les charges qui pesaient sur le peuple ?

GUERMOND (6), — 1178-1186 — fils aîné de Gérard et

---

(1) De Court, loc. cit., p. 805, dit qu'elle s'était faite religieuse à Bertricourt, du consentement de son mari : ce qui nous paraît peu probable.

(2) *Cartulaire du Gard*, t. II, p. 420 et 456.—*Cartul. Saint-Jean*, p. 38.—De La Morlière, loc. cit., p. 9.— P. Daire, *Histoire d'Amiens*, t. 1er, p. 417.— D. Grenier, *Notes Mss.*, f° 98.

(3) Voyez au nécrologe d'Amiens dans le *Cartulaire*, t. VI, son obit le 5 des calendes d'avril (p. 127), et un obit pour Béatrix, mère de Willaume, la veille des nones de février (p. 123).

(4) *Chronicon*, col. 1191.—A. de Valois, *Notitia Galliar.*, v° Pinkeniacum, p. 450.

(5) In *Scriptor. histor. Anglicanæ*, col. 1410.

(6) De La Morlière et autres historiens le désignent comme *second* du nom. L'observation qui va suivre et la citation que nous avons

de Mathilde, succéda à son père vers 1178, comme nous l'avons vu. Dès 1175, il était marié avec Flandrine, petite-fille d'Adam ou Aléaume, châtelain d'Amiens, seigneur de Vinacourt, de laquelle il eût six enfants : Gérard; Enguerran ; peut-être Robert, mentionné par Mathieu Paris, au dénombrement des fiefs de Normandie en 1200; Marguerite; Mathilde et Béatrix (1). Robert figure encore parmi les chevaliers du Vexin normand, semons par le roi en 1214, et parmi les barons qui, en 1215, signèrent la grande charte anglaise.

Au nombre des témoins au procès-verbal de délimitation du comté d'Amiens, dressé en 1186 par l'ordre du roi Philippe-Auguste, se trouve Guermond, sous cette désignation : *Wermondus IV, vicedominus de Pinconio*. Le chiffre signifie-t-il que Guermond était le quatrième du nom? Quoique nous n'en connaissions que trois, cela est probable, car s'il signifiait que Guermond était le quatrième vidame, le doute sur l'origine du vidamé, tant débattue au procès de mouvance dont nous dirons un mot en son temps, n'eût pas existé.

V

SUITE DES BARONS DE PICQUIGNY.
JEAN DÉPUTÉ DANS L'ALBIGEOIS.—SON EXCOMMUNICATION.

Gérard II — 1186-1190 — a été confondu par plusieurs historiens avec Gérard, premier du nom, qu'ils font ainsi

déjà faite de deux autres vidames de ce nom, nous empêchent d'adopter aucun numéro d'ordre.

(1) De La Roque, *Traité du Ban*, p. 48 et 52.—Mathei Paris *Historia major*, p. 182.—*Cartulaire de l'abbaye de Saint-Jean*, p. 57.

parvenir à une grande vieillesse. Mais ils sont obligés de supposer que, de son vivant, Guermond avait pris le titre de vidame.

On ne sait presque rien de Gérard II. En 1189, il était présent à une convention entre Pierre de Picquigny et l'abbaye de Saint-Jean, concernant Grislieu; en l'année 1190, il donnait à son maître d'hôtel la terre *de Masceio* (1); faisait, nous le dirons, quelques dons à la maladrerie de Tamfol, et confirmait ceux faits à l'abbaye du Gard par ses ancêtres (2).

Il mourut en cette même année, sans postérité, en Judée, où il avait suivi Philippe-Auguste.

ENGUERRAN (*Ingerramnus, Ingelranus*) — 1190-1224 — succéda dans le vidamé à Gérard, son frère aîné.

Nous verrons plus loin comment se manifestèrent son action et sa générosité en faveur des établissements charitables de Picquigny. Nul, si ce n'est peut-être son aïeul, ne fit plus que lui à cet égard.

Vers 1207 (3), il épousa Marguerite, fille de Jean, comte de Ponthieu, et le lendemain de sainte Catherine de ladite année, il fit exhumer de l'église de Saint-Martin et transférer dans le cloître du Gard les restes de son père et de son aïeul.

Enguerran donna, en 1209, une charte de commune à Molliens-Vidame. Il figure au rang des barons que le roi

---

(1) *Cartulaire de l'abbaye de Saint-Jean*, p. 212.—*Répertoire des titres de la baronnie*, f° 15-v°.—*Cartulaire brun de Corbie*, f° 37-v°. —Nous ne savons où est situé ce fief.

(2) *Répert. baronn.*, f° 2.—*Cartulaire du Gard*, t. 1er, p. 8.

(3) *Répert. baronn.*, f° 1.—Moréri dit (loc. cit.) que ce fut en 1209, et De Court (loc. cit.) en 1197.

appela à son aide dans la guerre contre Othon, au mois d'août 1214.

Au mois de juin 1224, Enguerran signait un compromis qui faisait choix de l'évêque Geoffroy II pour arbitre de plusieurs différends entre le chapitre d'Amiens et le vidame. Au mois d'août suivant, le même évêque lui donnait des lettres par lesquelles il reconnaissait que Enguerran lui avait prêté des chevaliers qu'il avait menés à ses propres frais à l'armée du roi, et déclarait qu'il ne se prévaudrait point de ce fait contre le vidame (1).

Dans une charte du mois de novembre de la même année, au profit de l'abbaye de Saint-Fuscien, l'évêque en parle comme étant décédé.

Enguerran eut de Marguerite, selon de La Morlière, neuf enfants: quatre garçons et cinq filles. Gérard, son successeur, Renault, qui se croisa contre les Albigeois en 1226, Mathilde et Flandrine, sont nommés au *Cartulaire du Gard* et paraissent les seuls qui existaient en 1212 et en 1217. Plus tard, on voit Enguerran qui, en 1241, se reconnut homme-lige de son frère, pour raison d'un fief qu'il lui cédait, et Guillaume qui, en 1248, commandait un corps de troupes sous saint Louis en Terre-Sainte (2).

Enguerran avait donné, au mois d'avril 1209, au chapitre d'Amiens vingt sols de rente, à prendre sur le pesage des laines à Amiens, à la charge de célébrer un anniversaire pour lui et pour sa femme, lequel est porté au 6 des ides de septembre dans le nécrologe.

GÉRARD III — 1224-1248 — figure en qualité de vidame

(1) *Répert. baronn.*, f° 14-r°, n° 81, et f° 20-r°, n° 140.
(2) P. Daire, *Histoire d'Amiens*, t. 1er, p. 42 et 43. — *Répertoire des Titres de la baronnie*, f° 287. — *Cartulaire du Gard*, t. 1er, p. 25, 28, 37, 40; t. II, p. 420, 456.

dans des lettres latines du mois de décembre 1224, par lesquelles il achète de Philippe de Crekt et de Ide, sa femme, tout ce qu'ils avaient à fief (1).

Il n'était pas encore chevalier en juillet 1226, puisque dans un accord fait le samedi après la Madeleine, entre lui et le chapitre d'Amiens, relatif au bois de Guisonville et à la rivière de Selle, auprès de Ver, entre les *Tombes* et Losières, il promet de sceller l'acte de son sceau, dès qu'il sera chevalier : *Quàm cito miles erit et sigillum habebit.* En effet, c'était alors un privilége de la chevalerie d'avoir un sceau : l'écuyer n'en avait pas (2).

Gérard se constitua pleige ou caution de Simon de Dammartin, comte de Ponthieu par sa femme, en 1230, et de Mahaut, comtesse de Boulogne, sa parente, en février 1234, et obtint que Louis IX leur restituât une partie des biens qui avaient été confisqués par Philippe-Auguste sur Simon et sur Renault, père de Mahaut, à cause de l'alliance qu'ils avaient faite avec les Anglais, dans les rangs desquels ils avaient combattu à Bouvines (3).

Au mois de février 1241, pour obéir aux intentions testamentaires de son père, Gérard donna à son frère Enguerran cent livres parisis à prendre dans Amiens, tant sur les droits de pesage de la laine et des agneaux, de stellage et mesurage des halles, que sur la prévôté royale,

---

(1) *Cart. blanc de Corbie*, f° 147-v°.—*Répert. bar.*, f° 16-r°, n° 90.
(2) D. Grenier, *Notes Mss.*, ibid., f° 90.—*Cartulaire d'Amiens*, t. 1er, pièce ccxxx, f° 172-v°.—De La Rocque, *Traité de la Noblesse*, p. 293.
(3) M. Louandre, *Hist. d'Abbeville*, t. 1er, p. 157 à 159.—D. Grenier, *Notes Mss.*, ibid., f° 98 et 49.—D. Martenne, *Ampliss. collect.*, t. 1er, col. 1243.—Déjà, en 1225, le roi Louis VIII avait rendu aux enfants de la comtesse de Ponthieu l'aptitude à hériter de leur mère. Voyez *Ampliss. collect.*, col. 1198.

et comprenant aussi tout ce qu'il avait dans les droits sur les ruelles, dans les revenus des marchés et sur le fort du roi (1).

Il figure en la liste des barons semons par le roi Saint-Louis, en 1242, contre le comte de La Marche (2).

En juillet 1246, devant l'official d'Amiens, il assignait à sa fille aînée Marguerite, qui épousait Nicolas de Rumigny, une dot de quatre cents livrées de terre sur Cléry et sur la forêt d'Ailly (3).

Le vidame vivait encore au mois de mai 1248, où il traitait avec Jean d'Amiens, seigneur de Vinacourt, pour la séparation des fiefs dans Flesselle, qui appartenaient à Robert de Saveuze et de Blangy, pour savoir ce qui était mouvant de Picquigny et de Vinacourt. Mais il était mort au mois de juin 1249, où sa veuve fondait une chapelle dans Oissy (4).

Gérard épousa en premières noces Lore ou Laure de Montfort, qui mourut avant 1227, et laissa, par son testament, au couvent du Gard cent sols parisis qui seraient employés à distribuer des chaussures aux pauvres le jour de la saint Remi, par le portier du couvent (5). — En deuxièmes noces, il épousa Ailis de Tournefay, qui, à son décès, aumôna ladite abbaye de quarante sols parisis (6).

(1) *Répert. baronn.*, f° 7-v° et 287.
(2) Duchesne, *Maison de Montmorency*, preuves, p. 99. — De La Roque, *Traité du Ban*, p. 57.
(3) D. Grenier, *ibid.*, vol. CLXXXXII, f° 90. — *Cart. de Vervins*, p. 317.
(4) *Répert. baronn.*, f° 14-v°, n° 83, et 19-v°, n° 135.
(5) *Cartul. du Gard*, t. 1er, p. 104.
(6) *Ibid.*, p. 124. En une charte de 1285, Jean la nomme lui-même en ces termes : « Aalis de Tourne-en-Faics, jadis feme monseigneur men père. » Ce qui indique suffisamment qu'elle n'était point, comme on l'a cru, la mère de Jean.

— Enfin, il se maria une troisième fois, en 1246, avec Mahaut de Créséques, fille du comte de Montfort, qui lui survécut et était remariée en 1252 avec Jean d'Audenarde, chevalier (1).

On donne pour enfants à Gérard deux garçons : Jean et Matthieu, issus sans doute de Mahaut, et Ailis qui paraît être la fille de la seconde épouse du vidame, dont elle porte nom.

Jean — 1249-1304 — était le fils aîné de Gérard et de Mahaut. Selon de La Morlière et le P. Daire, on lui donnait le titre de vidame dès 1246 (2). Mais la charte signée de son père, que nous avons citée tout-à-l'heure, constate que c'est une erreur. On le trouve mineur et sous la tutelle de sa mère et de son beau-père, en 1253.

Au mois de mars 1268, Jean fit avec l'abbaye du Gard un accord par lequel il permit aux religieux de « faire « faukier les herbes, holdragier, retraire et oster le brai « en l'iaüe et hors de l'iaüe... toutes les fois ke ils vau- « roient, pour le pourfit de leurs muelins ki sont assis « dedens le clos de leure maison du Gart (3). »

En 1298, Jean de Picquigny siégea au parlement, immédiatement après Ansel de Chevreuse, pour un arrêt concernant les enfants de Jacques Lavon, chevalier (4).

Au mois d'août de la même année, il fut envoyé en

---

(1) Moréri, *Le Dictionnaire historique*, t. VIII, p. 186. — D. Grenier, *Notes Mss.*, ibid., f° 92.

(2) *Recueil des illustres Maisons*, p. 13, et *Histoire d'Amiens*, p. 44. — Il ne devait pas être né. Nous verrons d'ailleurs au § X que la charte sur laquelle ces historiens s'appuient nomme précisément Gérard et non Jean.

(3) *Cartul. du Gard*, t. 1er, p. 120. — *Invent. du Gard*, f° 21-v°.

(4) Dutillet, *Recueil des rangs des Grands de France*, p. 365.

Angleterre avec Jean de Saulx, chevalier, pour les affaires du roi, et reçut pour son voyage deux cents livres tournois.

Par un traité fait avec l'abbé de Corbie « le lundi prochain après la feste de saint Martin en hiver » de l'an 1300, Jean se reconnut son vassal pour les fiefs mouvant de l'abbaye. Il lui en fournit dénombrement et avoua les tenir en hommage-lige et en pairie.

Bientôt sollicité par l'évêque d'Amiens, Guillaume de Macon, de lui donner semblable reconnaissance, Jean paraît s'y être refusé d'abord, puis avoir cédé, comme on l'induit d'un traité fait entre l'évêque et lui « en l'an de grâce mil trois cens et deus, el mois de jenvier, (1) » et du dénombrement qui le suivit immédiatement, dans lequel on lit : « ...et tant soit-il que tele cose à faire soit « pénible et cousteuse, ne nentendons que aucuns de « nos devanchiers l'ait fait par devant nous à aucun de « leurs seigneuries, par coy nous y peussons prendre « exemple... (2). »

Le dénombrement de 1302 contient le détail des fiefs et arrière-fiefs soit de la baronnie, soit du vidamé, qu'il déclare relever tous de l'évêché « en un fief et à un

---

(1) Nous avons laissé ici et ailleurs les dates des titres mêmes, sans nous permettre de les rectifier, pour les faire concorder avec la nouvelle méthode de compter. Le lecteur en saura faire, au besoin, l'application. Dans le bailliage d'Amiens, l'année commençait à Pâques. L'ordonnance de Charles IX de 1564 qui fixa pour toute la France le commencement de l'année au 1ᵉʳ janvier, ne fut exécutée dans le bailliage qu'à partir de 1567.

(2) Archives de l'évêché, copie collationnée en 1537, carton 16°, pièce 4° de l'*Inventaire*, f° 196. — *Répert. baronn.*, f° 31 et suivants. — M. Bouthors, *Cout. locales*, t. 1ᵉʳ, p. 209 et suivantes, et p. 216 à 220. — *Gall. christ.*, t. X, col. 1281. — *Mémoires de la Société des Antiquaires de Picardie*, t. XIII, p. 360.

hommage; » il rappelle que le château de Picquigny, la ville et ses dépendances, qui étaient jadis de franc-aleu, furent par ses ancêtres reconnus être de la mouvance de l'évêché. Ce titre est, d'ailleurs, très-important à consulter pour le nombre considérable de noms des abbés et des seigneurs qui y figurèrent comme témoins.

Vers cette époque, se place un évènement important dans la vie de Jean de Picquigny. Il fut chargé d'une mission qui l'abreuva d'ennuis le reste de ses jours. Les habitants de plusieurs villes de la province de Languedoc, Albi et Carcassonne notamment, portaient les plaintes les plus vives contre les membres du tribunal de l'Inquisition, dont l'hérésie des Albigeois avait entraîné la création. Le roi envoya, vers la fin de 1300, dans la sénéchaussée de Toulouse (1), le vidame d'Amiens Jean de Picquigny (2) et Richard Neveu, archidiacre de Lisieux, chargés de recevoir les plaintes et de réformer les abus. A tort ou à raison, le vidame qui s'était tout d'abord assuré des prisons de l'Inquisition, en fit sortir plusieurs personnes et fit arrêter quelques-uns des inquisiteurs. Les esprits s'échauffèrent, des troubles éclatèrent à Albi et à Carcassonne, et les frères prêcheurs furent chassés. A leur tour, ceux-ci dénoncèrent au roi le vidame et l'archidiacre comme favorisant les hérétiques. De son côté, l'inquisiteur de Carcassonne, soit de son chef, soit par l'ordre du pape, prononça, vers la fin de septembre 1303, l'excommuni-

---

(1) Il n'y avait alors que trois sénéchaussées dans le Languedoc. Voyez Piganiol de La Force, *Description de la France, Languedoc*, t. VI, p. 130. — Labourt, *Recherches sur les Maladreries*, p. 26, note, et les lettres-patentes qu'il cite.

(2) Il reçut le 6 octobre, pour son voyage, trois cents livres tournois. (*Comptes du Trésor royal.*)

cation du vidame. Elle fut publiée par tout le royaume. Jean en appela au pape Benoît XI; et, pour plaider sa cause, il se rendit à Pérouse, où siégeait alors la cour pontificale (1). Comme il s'était permis, malgré l'interdit dont il était frappé, d'assister à la messe que le pape célébrait dans la cathédrale de Pérouse le jour de la Pentecôte (17 mai 1304), Benoît le fit chasser, en l'apostrophant du nom de *paterin*, qui était celui d'une secte d'hérétiques.

Le pape étant mort deux mois après, la poursuite de l'appel fut suspendue forcément jusqu'à l'élection d'un nouveau pape. Le vidame attendit en Italie, mais ne put obtenir justice de son vivant. Il mourut excommunié et pendant la vacance du Saint-Siége, le 29 septembre 1304, à Pérouse, selon les uns, dans l'Abruze, selon les autres.

Son fils poursuivit la demande de cassation de la sentence; mais tout ce qu'il put obtenir des deux cardinaux que le nouveau pape commit pour le jugement de cette affaire, fut que le corps de Jean serait inhumé en terre sainte, la sentence demeurant pour le reste en son entier (2).

Il est remarquable que les généalogistes de nos vidames ont tu généralement cette importante circonstance de la vie de Jean. Comment expliquer ce silence? Par la crainte de réveiller des passions religieuses ou de noter d'infamie le vidame. Mais dans notre siècle où, par suite de l'indifférence religieuse, le stigmate de l'excommunication a

---

(1) D. Martenne, *Ampliss. collect.*, t. VI, p. 477 et seq., 510 et seq. —*Chroniques de Saint-Denis.*—D. Vaissette, *Histoire générale de Languedoc*, t. IV, p. 120.—*Grandes Chroniques de Saint-Denis*, Ms. de Coasselin, n° 176.—Lafaille, *Annales de Toulouse*, t. 1ᵉʳ, p. 35.— Nangis, contin., en collect. Guizot, t. XIII, p. 250.

(2) Percin, *De Inquisitione*, p. 108.—*Histoire gén. du Languedoc*, t. IV, p. 119 à 121.

beaucoup perdu de sa portée, et où d'ailleurs le clergé plus éclairé a compris que c'était bien moins par les tortures de l'Inquisition que par l'exemple et par la raison qu'on pouvait ramener les hommes à la vérité, l'historien n'est plus tenu de céler de tels faits.

Un historien du temps, le continuateur de la *Chronique de Nangis*, rend justice d'ailleurs au mérite et aux sentiments religieux et catholiques du vidame, qu'il appelle, pour nous servir des expressions d'un traducteur, « un chevalier sage, loyal et très-gentil (1). »

Jean de Picquigny avait eu le commandement d'une armée en Gascogne contre les Anglais. Plusieurs titres de 1303 le qualifient capitaine ou sénéchal de Gascogne.

Il fut semons en 1304 contre le comte de Flandre. A raison de son absence, son fils Renault le remplaça (2).

Selon Moréri, il était marié avant 1278 avec Marguerite de Beaumetz, fille de Gilles de Beaumetz, châtelain de Bapaume, laquelle était morte en 1303, comme on le voit en la charte de fondation de la *trésorerie* du chapitre. Elle lui donna six garçons et cinq filles, savoir: Renault, qui lui succéda; Gérard, seigneur de Berchicourt; Guillaume, chanoine d'Amiens, auquel Jean de Bailleul, roi d'Écosse, son cousin, donna, en 1314, trente marcs sterlins de rente sur la terre d'Hervey; Ferry, seigneur d'Ailly, à qui le roi Philippe de Valois donna la même terre d'Hervey, qu'il avait confisquée sur Édouard de Bailleul, fils de Jean; Robert, qui épousa la fille de Garin, seigneur de Fluy; Jean, seigneur de Saint-Ouen, qui accompagna Jean de

---

(1) Voyez *Nangis, contin.*, p. 250.
(2) De La Roque, *Du Ban*, p. 98 et 103.—M. Bouthors, *Coutumes locales*, t. 1ᵉʳ, p. 95, 209.

Normandie en Hainaut l'an 1340, où il fut tué (1); Mahaut, fille aînée, dame de Gouy, mariée en 1284 au sieur d'Antoing, de la maison de Melun; Marguerite, mariée au mois d'avril 1291 avec Matthieu de Roye, sieur de la Ferté-lès-Saint-Riquier, fils de Matthieu et de Jeanne de Vendeuil, auquel elle apporta six mille livres tournois; Marie, qui épousa le seigneur de Saint-Amand; Catherine, mariée au seigneur d'Auxy, et Jeanne, femme de Jean, seigneur de Varennes (2).

Remarquons ici que, par un traité de l'an 1284, fait entre le vidame et Jean de Varenne, chevalier, et Agnès (3), dame de Labroie, sa femme, il avait été convenu que le fils aîné de ceux-ci épouserait la fille aînée du vidame, laquelle recevrait en dot l'héritage de Saint-Win (Ouen) (4). Il est présumable que ce traité ne put avoir de suite ou fut bientôt rompu, puisque nous voyons en cette même année Mahaut entrer dans la maison de Melun, et l'un des fils du vidame devenir seigneur de Saint-Ouen.

Mahaut fonda en 1315, dans la collégiale de Saint-Martin, la chapelle dite *de Gouy* ou *de la Corbière*. Marguerite donna à la même église un calice et de riches ornements, puis y fonda, le 10 novembre 1343, la chapelle dite *de la Ferté*, qu'elle dota d'un manoir et de quarante

---

(1) Froissart, *Chronique*, vol. 1ᵉʳ, chap. xxxxviii.—Meyer, *Annales rerum Flandricarum*, p. 141.—Dupleix,

(2) D. Grenier, *Notes Mss.*, f° 98.—Duchesne, *Maison de Châtillon*, liv. vi, chap. x, p. 315, 316.—*Invent. de l'Évêché*, f° 195-r°.

(3) Celle-ci était fille de Dreux d'Amiens et fut héritière de Flixecourt. Voyez *Répert. baronn.*, f°⁵ 112 et 113.

(4) Ces sortes de traités d'alliance, même entre enfants non nés encore, étaient assez fréquents. (Voyez *Gamaches et ses Seigneurs*, p. 57.)

livrées de terre situés à Vauchelles près Abbeville (1).

Selon Moréri, Jean avait fait son testament au mois de septembre 1302. Peut-être est-ce l'époque de la mort de sa femme ; le testament aura été commun ou simultané.

VI

DERNIERS MEMBRES DE LA FAMILLE DE PICQUIGNY. — DÉTENTION DES TEMPLIERS AU CHATEAU.

RENAULT, — 1304-1315 — dans les titres locaux que nous avons pu consulter, figure pour la première fois en 1307. C'est dans un acte du 5 mai, par lequel il donne, comme seigneur suzerain, son approbation à un règlement fait entre Jean de Varenne, seigneur de Vinacourt, et les habitants dudit lieu (2). Mais on le voit, dès 1305, cautionner les enfants du comte de Flandre et, en 1307, le comte de Flandre lui-même. Par le premier de ces actes, il s'oblige, conjointement avec six autres seigneurs, de remettre dans les prisons du roi à Pontoise, dans le délai qui sera fixé par les commissaires royaux, Robert et Guillaume de Flandre, qui avaient été élargis provisoirement. Par le second, il se rend caution du comte envers le roi, à l'occasion de la paix de Flandre (3).

Au mois de mars de l'année 1313 intervint devant le

---

(1) D. Grenier, *Notes Mss.*, f° 98. — *Invent. de l'Évêché*, f° 131-v°. — La *livrée* était une portion de terre qui rapportait une livre de revenu annuel. Voyez Du Cange et Roquefort (*Glossaires*).

(2) *Répert. baronn.*, f° 83-v°.

(3) *Trésor des chartes*, layette Flandres, 2° coffre, 2° sac, n° 8. — *Mémoire pour la Mouvance du roi*, 1783, prem. partie, p. 61 et suiv.

bailli d'Amiens, entre Renault et les religieux du Gard, un accord pour le partage de l'eau de la Somme et de la pêche, et pour diverses autres choses. Il y est dit que trois bornes placées pour déterminer leurs limites respectives sur la Somme « sont et seront désormais apellées les *bornes de Renaugart*, » nom composé qui indique leur destination. On y voit aussi que souvent la taquinerie des officiers de la seigneurie amenait des difficultés. Les religieux se plaignent que toutes les fois que leur bâteau passe sous le pont de Picquigny, le *traversier* (préposé au droit du travers) le fait arrêter sans cause. L'on stipule donc que, dorénavant, les religieux passeront sans obstacle, pourvu qu'ils répondent à l'interpellation qui leur sera faite qu'ils sont gens de l'abbaye; à moins toutefois que le traversier n'ait lieu de soupçonner de la fraude : « si li traversier dudit pont... demande ki sont chil navel « ou naviaux, les gens des religieux... répondront que « sont li navel ou naviaux de l'église du Gart. Et quant « il ara été ainsi dit... li traversier les laissera passer « paisiulement... » C'est notre cri de *qui vive?* Afin d'éviter tout mauvais vouloir et toute allégation, si un traversier nouveau est installé, « il jurera sur les saintes Évangiles « pardevant le vidame... ke il ne ses comans ne arrestera « malicieusement ledit navel de l'église du Gart pour « cause de cascongne (1), ne pour faire anuy ou damage « a enscient... » — L'année suivante, le dimanche après l'octave de la Trinité, Jeanne d'Eu *(Joanna de Augo),* femme du vidame, renonça à inquiéter les religieux à

---

(1) Probablement par *plaisanterie.* Il est bon de remarquer l'ancienneté de l'expression, quoiqu'elle n'eût pas alors tout-à-fait le sens de notre mot *gasconnade.*

raison de ses droits dotaux sur ce qui avait fait l'objet du traité (1).

Un évènement tristement célèbre a marqué l'époque où vécut Renault, et son nom y est à tout jamais attaché : c'est la destruction de l'ordre des Templiers. Accusés de grands crimes par cela seulement, selon quelques auteurs, qu'ils avaient de trop grands biens et trop de puissance, le roi Philippe-le-Bel ordonna l'arrestation de tous les membres de l'ordre et une enquête sur l'inconduite et les superstitions qui leur étaient reprochées. A cette fin, il commit dans le ressort du bailliage d'Amiens, par lettres datées de Pontoise le 14 septembre, jour de l'Exaltation de la Sainte-Croix 1307, le bailli d'Amiens, Jean de Varenne et Renault de Picquigny. Dans cette pièce, les prétendus crimes (2) des Templiers sont ainsi qualifiés par le roi : « *res amara, res flebilis, res quidem cogitatu horribilis, auditu terribilis, detestabilis crimine, execrabilis scelere, abominabilis opere, detestanda flagitio, res penitus inhumana, immo ab omni humanitate seposita.... (3).* » — Si le mandat fut sévère, il fut exécuté avec non moins de rigueur par le vidame, qui fit enfermer les religieux dans les souterrains de son château (4).

---

(1) *Invent. des titres du Gard*, t. 1ᵉʳ, p. 83 à 99 et p. 105 à 108.

(2) Dans l'enquête ouverte en Portugal, aucune charge ne s'éleva contre eux. (Voyez *Nouvelle Biographie universelle*, Didot, au mot DINIZ, t. XIV, col. 208.)

(3) *Histoire de la condamnation des Templiers*, par Dupuy, 1713, t. II, pièces justificatives, p. 311. — Ce passage aurait trop à perdre par la traduction, pour que nous la tentions.

(4) Cet ordre, créé en 1118, dura cent quatre-vingt-neuf ans. Dès l'an 1240, il possédait neuf mille maisons et des biens innombrables. (Voyez Dupuy, ouvrage cité, t. 1ᵉʳ, p. 5 et 7.)

Comme le pape et le roi, Renault ne survécut pas longtemps à l'exécution du grand-maître de l'ordre, Jacques de Molay, brûlé vif vers la fin de l'année 1313, selon la *Chronique de Saint-Denis* et le continuateur de *Nangis*. Il mourut en 1315, après avoir légué cinq cents livres pour achever les bâtiments de l'église de Picquigny (1).

Renault avait épousé Jeanne de Brienne, veuve du vicomte de Turenne, et fille de Jean I*er* de Brienne, comte d'Eu, et de Béatrix de Châtillon; de laquelle il eut seulement deux filles : Marguerite, qui lui succéda, et Marie, qui épousa Jacques de Croy. Il semblerait toutefois, d'après les annotateurs du tome xiii*e* *Rer. Gallicar.* (2), qu'elle aurait épousé Michel de Harnes, et peut-être fut-ce leur fille qui aurait épousé Jacques de Croy?

MARGUERITE — 1315-1378 — était bien jeune encore à la mort de son père. Elle lui succéda à défaut d'héritier mâle et prit la qualité de *vidamesse*. Marguerite a une certaine célébrité locale, à raison de sa longue existence, de l'importance pour la commune des actes auxquels elle concourut, de la gravité des évènements qui s'accomplirent de son temps, et surtout comme dernier rejeton direct de cette antique et illustre famille de Picquigny qui allait s'éteindre.

En 1316, le 2 juin, Gérard, oncle de la vidamesse, en qualité de son gardien et baillistre (tuteur), à cause de la renonciation de sa mère à cette fonction, passa pour elle relief et fit foi et hommage à l'évêque (3). Parmi les francs-

---

(1) Decourt, *Histoire d'Amiens*, Ms., t. ii, p. 818. — Il s'agit probablement de la nouvelle église de Saint-Jean-Baptiste.

(2) *Ex Gisleberti Montensis chronic.*, p. 562, note.

(3) *Invent. de l'Évêché*, f° 195 v°.

hommes de l'évêque présents à cet acte, nous avons remarqué Ernoul Du Cange.

Nous ne savons rien des premières années de Marguerite.

De son temps, Edouard, roi d'Angleterre, débarqué en Normandie, avait, dans une course rapide, dévasté cette province et une partie de la Picardie. Le 22 août 1346, il tenta de passer la Somme à Picquigny ; mais il dut y renoncer, ayant trouvé, dit Froissart, « la ville, le pont et « le chastel mout bien garnis, par quoy il estoit impossible « de là passer (1). »

Cependant la vidamesse et les habitants qui avaient vu de près le danger, durent aviser à mettre la ville et le château en état de défense. Leurs murailles étaient dégradées et leurs fossés à demi remplis. Marguerite voulut d'abord imposer les travaux du château aux échevins et habitants, disant : « que tenu i estoient du faire tant pour « le salveté deuz, leurs femmes, leurs enfans et leurs « gens, et de leurs biens estans en no dicte ville, que « pour autres causes. » Mais ils répondirent « quil nes- « toient tenu du faire. » Toutefois, en vue du danger commun, les habitants voulurent bien y aider, pourvu qu'on ne pût s'en prévaloir plus tard contre eux. La vidamesse y consentit et leur donna des lettres datées du mois d'août 1346 (2), conservatrices tout à la fois de leurs droits et des siens, portant : « ... et volons et acordons « que nous ne nos hoirs ne nous en puissons aidier au « tamps présent ne au tamps advenir contre nos dessus « dis hommes subges et abitans, ne contre leurs hoirs

---

(1) *Chroniques*, vol. 1er, chap. CXXVI.

(2) *Invent. des Archives municipales de Picquigny*, série EE. 1. Le quantième du mois n'est pas indiqué et nous supposons ces lettres postérieures à la tentative d'Edouard.

« de choze quil aient fait ou aidié ou qu'il aienchent ad
« fossés dessus dis, soit en saizine ou en propriété... sauf
« et réservé à nous et à nos sussesseurs che que nous disons
« quil sont tenu de refaire lesdictes fortreches et réparer
« lesdis fossés toutes fois que besoins est. Et no dessus dit
« homme et abitant de no dicte ville de Pinkeni dient du
« contraire. »

Quelques années après, en 1358, de nouveaux malheurs avaient fondu sur la France : le roi Jean, vaincu à Poitiers, était prisonnier en Angleterre, les factions déchiraient le pays, la guerre, l'incendie, le pillage jetaient partout la terreur. Il fut besoin de faire encore « aucuns ouvrages as fossés et fortreches de le ville de « Pinquegny pour résister as anemis du royame de « Franche. » Les habitants exigèrent de nouvelles lettres de précaution. Le procureur de la vidamesse justifia devant le bailli du lieu d'une lettre scellée d'elle, et d'une autre lettre à sceller « aussitost comme elle sera venue par
« decha, lequele on atent de jour en jour, » portant que :
« ayeve (aide) que les dessus nommés homes et habitans
« faichent et ayent fait as dis fossés et fortreches ne puist
« porter préjudice à auls ne à leurs hoirs pour le tamps
« passé présent et avenir, soit en saisine ou en propriété...
« ne a madicte dame... lequel disoit et maintenoit que ses
« dis hommes et habitans estoient tenus de faire lesdis
« fossés et fortreches, et lesdis hommes et habitans disoient
« le contraire (1). »

Deux siècles plus tard, la difficulté reparut et fut vidée par une transaction dont nous parlerons.

Les Amiénois s'étaient emparés du château de Picquigny

---

(1) Archives municipales de Picquigny, série EE, 1.

en 1358, et le gardèrent pendant les troubles que fit surgir la captivité du roi (1).

A son retour d'Angleterre, le roi Jean dut s'occuper du paiement de sa rançon. Les impôts qui avaient été créés à cet effet pendant sa captivité, ou n'avaient pas été payés, ou par l'astuce du trop fameux Marcel, prévôt des marchands, s'étaient trouvés distraits de leur but. Jean, ayant prescrit, par ordonnance du 5 mars 1361, la rentrée au trésor de tous les arrérages desdits aides et subsides, les habitants de Picquigny payèrent vingt-cinq livres sept sols six deniers (2).

Marguerite de Picquigny était mariée en décembre 1323 avec Jean de Roucy ou Roussy (3); en juillet 1328 avec Gaucher de Noyers, qui vivait encore en 1339, mais dont elle était veuve en 1344, puisque c'était à elle seule que Rohault de Rivière faisait le 18 mars de cette année le dénombrement de sa terre, et que le 13 juillet suivant elle servit relief à l'évêque pour le droit de sterage et autres. L'année suivante, elle obtint en la cour du parlement de Paris deux arrêts, l'un contre le seigneur de Palus, bailli d'Amiens, pour le droit de pesage des halles de la ville, et l'autre contre Pierre Des Maretz, gouverneur d'Amiens, le 12 avril, pour les droits de sterage et de mesurage à elle dus à cause de son vidamé (4).

---

(1) P. Daire, *Doyenné de Picquigny*, Ms., p. 2.
(2) Archives municipales de Picquigny, série CC, 1.
(3) *Répert. baronn.*, f⁰ˢ 162 et 191. — Voyez ses armes, pl. II⁰, et *Cart. du Gard*, t. II, p. 82. — Les *Notes Mss.* de D. Grenier, loc. cit., f⁰ 98, le confondent avec Jean de Picquigny, dont nous avons parlé, tué en Hainaut en 1310.
(4) D. Grenier, *Notes Mss.*, loc. cit., f⁰ 92. — *Invent. Corbie*, t. III, p. 422. — *Reg. stix*, f⁰ 16-v⁰; Archives départementales. — *Répertoire*

Elle se maria pour la troisième fois, vers 1358 (1), avec Raoul de Raineval, sieur dudit lieu et de Pierrepont, grand pannetier de France, qui, le 19 janvier 1361, réunit au domaine le fief des Rivières sis à Breilly, que lui vendirent Jean de Gorenflos et Jeanne, sa femme, auparavant femme de Vincent de Moyencourt, au prix de trois cents florins d'or francs (2).

Ils vivaient encore tous deux en 1377, car à la date du 4 mars Robert de Beauval, chevalier, sire d'Ococho, de Villeroche et de la Vigogne, comme mari et bail de Jacqueline Villers, son épouse, leur donnait dénombrement de la terre de la Vigogne. Le 19 avril 1373, le vidame et la vidamesse avaient obtenu sentence du bailli contre Robert de Crésecques, seigneur de Long, pour un droit de péage; et le 15 octobre suivant, Thibault de la Lentilly leur servait aveu pour le fief des dîmes de Wailly (3).

La dame de Picquigny figure parmi les barons et seigneurs que le roi convoqua le 23 août 1350. On y voit aussi Gérard de Picquigny, probablement son oncle (4).

Marguerite mourut vers 1378 (5), sans laisser aucune postérité.

baronn., f"" 235, 208, 287, 58, et passim.—Recueil intitulé *Picquigny*, n° 3830, à la Bibl. d'Amiens, deuxième pièce, p. 45.

(1) En effet, Marguerite figure encore seule en un dénombrement servi le 29 juillet 1357 (*Répert. baronn.*, f° 282), et on trouve, le 14 novembre 1359, un aveu au profit de Raoul de Raineval (*Ibid.*, f" 246, 271).

(2) *Mouvance censuelle de Picquigny*, n°" 5227, 5228, 5229.—*Répert. baronn.*, f" 161-r°. Archives départementales.

(3) *Répert. baronn.*, f" 315, 318, 42.—*Inventaire littéral de Wailly*, p. 11; Archives départementales.

(4) De La Roque, loc. cit., p. 108.

(5) De Court, loc. cit., p. 884.

Marguerite, deuxième du nom, — 1378-1398 — sa cousine germaine, lui succéda, mais non sans conteste. A la mort de Marguerite, fille de Renault, il ne restait aucun des cinq frères de son père, ni des enfants mâles qu'ils avaient eus. Alors s'éleva la question de savoir à qui devait échoir sa riche succession, et dès 1370 un procès se suivait entre les prétendants. Un arrêt du 17 août 1381 adjugea l'héritage à Marguerite, fille de Robert de Picquigny, seigneur de Fluy, et exclut une autre prétendante aussi nommée Marguerite et sa cousine germaine, fille de Ferry de Picquigny, seigneur d'Ailly-sur-Somme. La raison en fut que la coutume d'Amiens n'admettait pas encore alors de représentation en ligne collatérale pour les fiefs et que, quoique issue d'un puîné, la fille de Robert était la plus âgée (1).

La nouvelle vidamesse était la seconde femme de Robert III, dit *Wautier*, seigneur d'Ailly-le-Haut-Clocher, qu'elle avait épousé le 12 novembre (2) 1342, et dont elle

---

(1) De Court, p. 834, 835. — *Cart. chap. d'Amiens.* — D. Grenier, *Notes Mss.*, loc. cit., f° 92. — De La Morlière, loc. cit., p. 16. — Il est remarquable que dans l'ancien droit français, la représentation n'avait pas lieu même en ligne directe. (Voyez Pasquier, *Recherches*, liv. IV, chap. XX; l'art. 37 de l'*Ancienne coutume d'Amiens*, et les notes de Délegorgue sur la *Coutume de Ponthieu*, t. 1er, p. 37 et 38.) — La représentation en ligne collatérale ne fut consacrée, dans la *Coutume d'Amiens*, que lors de la réformation, en 1567. (Voyez l'art. 70 et les commentateurs.) — Sur la préférence à l'aînée entre les héritiers femelles du même degré, en succession de fief, voyez l'art. 84 de la nouvelle *Coutume*, qui a sans doute reproduit l'ancien droit.

(2) Aux *Notes Mss.* de D. Grenier, loc. cit., f° 97, il est dit: « le lendemain saint *Mahiu* (Mathieu), » dont la fête se célèbre le 21 septembre. Mais au f° 92, on lit : 12 novembre. — D. Caffiaux, *Trésor généal.*, p. 42, dit le lendemain de saint Martin, ce qui est la même date.

elle eut sept enfants, cinq garçons et deux filles, savoir :
Wautier, dit *Tristan*, qui figure dans deux aveux de 1375
et 1379, mort sans enfant et avant elle; Bauduin, son
successeur au vidamé; Colard, dit *Payen*, mort sans lignée;
Mathieu, surnommé *Sarrazin*, qui fut la tige des seigneurs
d'Airaines; Jacques, dit *Hutin*, seigneur de Famechon;
Isabeau, aînée des filles, mariée en 1361 avec Jean de
Cayeu, chevalier, seigneur de Visme et de Senarpont, et
Jeanne, mariée avec Pierre Vendures (1).

Robert d'Ailly était mort en 1384. Marguerite lui survécut longtemps, car on la voit, le 13 juin de ladite année, recevoir seule un dénombrement de Jeanne de Gapane, demoiselle de Bougainville; le 25 août de l'année suivante, faire accord avec Enguerran de Bougainville, au sujet de leurs différends touchant un fief noble séant à Fluy; en 1391, faire avec les religieux de Corbie un accord qui les dispense du droit de péage pour leurs vivres passant par le pont de Picquigny; enfin, le 24 octobre 1398, recevoir aveu et dénombrement pour un fief noble sis à Namps-au-Val (2).

La maison de Picquigny portait : *fascé d'argent et d'azur, de six pièces, à la bordure de gueules*. Anciennement, on ajoutait sur cette bordure *huit roses d'argent*, qu'aurait

---

(1) Piganiol de La Force, *Description de la France*, Picardie, t. II, p. 166.—D. Caffiaux, p. 42.—*Généalogie Ms.*, Titres de l'évêché, aux Archives départementales.— De La Morlière, *Recueil des illustres Maisons*, p. 21.—Duchesne, *Maison de Châtillon*, p. 606.—*Description du canton de Gamaches*, p. 146.

(2) *Répert. baronn.*, f°ˢ 191, 239-v°.—*Cartulaire du Gard*, t. II, p. 442.—*Inventaire littéral de Wailly*, p. 187. Archives départementales.—M. Cocheris, *Catalogue des Mss. de Picardie*, etc., dans les Mémoires de la Société des Antiquaires de Picardie, t. XIII, p. 417.

retranchées le vidame Gérard tout jeune encore, selon les notes du P. Maurice Du Pré, citées par De Court (1). Nous ajouterons que, d'après les sceaux qui se retrouvent encore aux titres du Gard, ou les dessins qui en existent en l'*Inventaire*, l'écu de Gérard, en 1242 et 1246, celui de Jean, en 1264 et 1291, sont bien *fascés avec bordure;* mais qu'antérieurement celui d'Enguerran, en 1199, 1209 et 1215, est un *échiquier, au chef papelonné de deux pièces.* (V. pl. II°.)

VII

ORIGINE DE LA FAMILLE D'AILLY.
BAUDUIN, RAOUL ET AUTRES SEIGNEURS DE PICQUIGNY.

La famille d'Ailly (2) qui venait de se greffer à celle de Picquigny et allait en prendre le nom et les titres, avait une origine ancienne. On trouve un Robert d'Ally sous le règne de Philippe Ier, en 1090. Ernulfe ou Arnoult d'Ally assistait aux funérailles de Béatrix, femme du vidame Gérard, en 1144. Plus tard, vers 1320, un autre Robert d'Ally, chevalier, « eut la demisiele de Lulli à femme, de « lequelle il eut un enfant qui morut devant le mort de se « mère. » Probablement il fut le père de Robert III, par un mariage avec une autre femme (3).

(1) De Court, loc. cit., p. 811.—D. Grenier, loc. cit., f° 98.— Geliot, *La vraie Science des Armoiries*, p. 660.

(2) On a écrit souvent *Ally* et quelquefois *Arly*. Nous nous conformons à l'orthographe moderne où l'addition de l'*i* fait mouiller les *l.* (Voyez *Cartulaire du Gard*, t. II, p. 442.)

(3) *Cartul. de Saint-Jean,* p. 38.—De La Morlière, loc. cit., p. 19. —*Coutumes et Assises de Picardie,* éditées par M. Marnier, 1810, p. 15.— Duchesne, *Généalogie de Châtillon,* p. 605.

A Marguerite de Picquigny avait succédé son fils,

BAUDUIN—1398-1415—dit *Daujois* (1), qui fut chambellan du roi Charles VI.

Ses grandes qualités le firent comprendre au nombre des douze chevaliers qui, avec quatre évêques et quatre conseillers au parlement, formèrent, pendant la démence du roi, le conseil de régence établi par le traité de paix entre les princes — 1410 — (2).

En 1412, pendant le siége de Bourges par le duc de Bourgogne, celui-ci avait chargé le vidame d'Amiens de lui amener un convoi d'argent. Il y réussit, après avoir vaillamment repoussé les attaques de l'ennemi. Il se distingua aussi au combat de Saint-Remy.

Bauduin avait épousé en 1387 Jeanne, fille unique de Valeran de Raineval, comte de Fauquembergue, seigneur de Raineval et de Pierrepont, et de Jeanne de Varennes, dame dudit lieu, de Vinacourt et de Labroie. Elle était morte avant le mois de décembre 1412. Selon les *Notes* de D. Grenier, Jeanne de Varennes était fille d'un Jean de Varennes, fils d'un autre Jean, qui, par son mariage avec Agnès d'Amiens, avait réuni les terres de Vinacourt et de Flixecourt qui étaient mouvantes de Corbie. Mais, d'après les dates consignées ci-dessus (3), nous pensons qu'il faut ajouter au moins un degré à cette suite généalogique.

(1) On a écrit quelquefois *Baviois*, par suite d'une mauvaise lecture. — On trouve des dénombrements servis à Bauduin, le 18 décembre 1399, au *Répert. baronn.*, f°ˢ 101, 198, 275.

(2) P. Daire, *Histoire d'Amiens*, t. 1ᵉʳ, p. 47. — De Court, ouvrage cité, t. II, p. 837.

(3) Page 41. — Voyez De Court, loc. cit., p. 872, 874. — Duchesne, *Maison de Châtillon*, p. 606. — D. Caffiaux, p. 42. — D. Grenier, loc. cit., f° 92.

Bauduin périt à Azincourt (25 octobre 1415) avec les deux frères de sa femme et une grande partie de la noblesse française. Les historiens en font foi (1). Cependant il semblerait résulter d'un dénombrement servi par Jacques de Saisseval le 22 juillet 1419 au profit de Baujois d'Ailly, que celui-ci vivait encore alors. Mais c'est une erreur de copiste (2) : l'hommage et l'aveu que nous allons citer ne laissent aucun doute à cet égard.

Les enfants du vidame furent Raoul, son successeur, et Jeanne, qui fut mariée deux fois.

RAOUL ou ROAULT — 1415-1455 — fut ainsi nommé en souvenir de Raoul de Raineval, son bisaïeul maternel.

Il fit hommage à l'évêque le 3 octobre 1415, et à l'abbé de Corbie le 3 décembre suivant. On trouve un dénombrement à son profit servi au mois d'août 1416 par Guy de Miraumont, chevalier, bourgeois d'Amiens, en qualité de mari et bail de Marie, fille de Robert de Saint-Fuscien (3).

Raoul avait été fait chevalier le 11 mai 1412 par le connétable Valeran de Luxembourg, sur le champ de bataille, à Saint-Remy où il concourut avec son père à la défaite des Armagnacs. Monstrelet le nomme Roulequin. C'était sans doute un diminutif de son nom, qu'on employait par familiarité dans son jeune âge. Plus tard il devint l'un des plus dévoués partisans du duc de Bourgogne, dont il était d'ailleurs le parent, et plaça sous son obéissance les châteaux de Demuin et d'Airaines qui, voisins d'Amiens, incommodaient la ville — 1419 — (4).

On sait que quelques chevaliers bourguignons qui, à la

---

(1) Monstrelet, *Chronique*, p. 379.— Daniel, *Histoire de France*.
(2) *Répert. baronn.*, f° 282-r°. Probablement faut-il lire 1409.
(3) *Ibid.*, f° 339.— *Inventaire de Corbie*, t. III, p. 422.
(4) Monstrelet, *Chronique*, édition Buchon, p. 333.

bataille de Mons-en-Vimeu (31 août 1421), avaient fui dès le commencement de l'action, pressés par les Dauphinois, poussèrent jusqu'à Picquigny et se refugièrent dans le château; ce qui les fit surnommer par dérision *chevaliers de Picquigny* (1).

La ville de Picquigny fut pillée par les Dauphinois en 1431, selon les *Notes* de D. Grenier. Monstrelet n'en dit rien.

Raoul accompagna le duc de Bourgogne au siége de Moreuil et concourut avec le comte d'Etampes au siége et à la reprise de Saint-Valery, que Charles Desmarest venait d'enlever par surprise aux Bourguignons — 1434 — (2).

Raoul avait épousé le 30 novembre 1413 Jacqueline, fille puinée de feu Robert de Béthune, vicomte de Meaux et seigneur de Vendeuil, et d'Isabelle de Ghistelle. Par lettres du 28 janvier suivant, Jeanne, sœur du vidame, déclara lui abandonner tous les droits qu'elle pouvait avoir sur le vidamé, les terres de Picquigny, de Raineval et autres (3).

De son mariage, Raoul eut onze enfants, cinq fils et six filles, savoir : Jean, qui fut vidame après lui; Antoine, qui fit la branche des seigneurs de Varennes et épousa en deuxièmes noces Louise de Hallwin; Jean-le-Jeune, seigneur de Bellonne, près Douay; François, archidiacre de l'église de Reims; Roger, chanoine d'Amiens et archidiacre de Noyon; Jacqueline, mariée le 24 novembre 1435 avec

---

(1) M. Roger, *Noblesse et Chevalerie*.—M. Corblet, *Glossaire picard*, et M. Janvier, *Notice sur les Archers, Arbalétriers*, etc., Mémoires de la Société des Antiquaires de Picardie, t. XI, p. 288, et t. XIV, p. 302.

(2) M. de Grattier, *Notice sur Ch. Desmarest*, dans les Mémoires de la Société des Antiquaires de Picardie, t. XV, p. 68.—M. Louandre, *Histoire d'Abbeville*, t. 1er, p. 354.

(3) D. Cafliaux, p. 42.—Moréri, *Dictionnaire historique*, t. 1er, p. 232.—Duchesne, *Maison de Châtillon*, p. 607.

Jean de Bourgogne, duc de Brabant et de Luxembourg, comte de Nevers, arrière-petit-fils du roi Jean, auquel elle porta en dot quarante mille saluts d'or, dont vingt mille en deniers comptants, et pour les autres les terres de Englemonstier, Vive et autres, provenant de sa mère; Marguerite, mariée à Golhard, seigneur de Mouy et de Chin; Marie, qui épousa le 8 août 1444 Antoine Raolin, chevalier, seigneur d'Aimeries; *N.*, mariée au seigneur de Fontaine-en-Hainaut; Ysabeau, qui épousa le 20 novembre 1455 Alard, seigneur de Rabaudenges; et *N.*, qui fut abbesse de Joarre, sous le nom de Jeanne IV, en 1402 (1). Raoul mourut en 1468. Il n'était plus vidame; car son fils

JEAN — 1455-1485 — fit hommage de bouche et de main à l'évêque Jean Avantage et en reçut, selon l'usage, l'anneau d'or orné d'un saphir, le 7 décembre 1455 (2). Il le renouvela à son successeur le 3 février 1458. D'un autre côté, Jean de Mailly, évêque et comte de Noyon, servit aveu et dénombrement au vidame le 6 septembre 1456 pour sa terre de Saint-Ouen, mouvante de la baronnie (3).

Jean avait été fait chevalier à la prise de Pont-Audemer, le 12 août 1449. — Il reçut la reine au château de Picquigny, le 16 janvier 1463 (4).

En 1467, le château de Picquigny tomba par surprise au

---

(1) Duchesne, loc. cit., p. 607. — De La Morlière, loc. cit., p. 22. — Moréri, loc. cit. — D. Caffiaux. — *Gallia christiana*, t. x, col. 1713.

(2) *Répert. baronn.*, f° 37-r°. — *Inventaire de l'Evêché*, f° 195-v°; carton 16°. — *Coutumes locales*, t. 1er, p. 215; l'acte d'hommage y est tout entier.

(3) *Répert. baronn.*, f° 300.

(4) De La Morlière, loc. cit., p. 23. — Alain Chartier (ou mieux: Gilles Le Bouvier, dit *Berry*), *Histoire mémorable des Évènements sous Charles VII*, f° 141-r°. — D. Grenier, *Notes Mss.*, loc. cit., f° 86.

pouvoir des Bourguignons. L'information qui fut faite à ce sujet laisse voir que la vidamesse, fille du duc de Bourgogne, y aurait donné les mains et en aurait préparé les moyens avec M. de Crèvecœur, à l'insu et en l'absence de son mari (1).

Jean de Picquigny assista, en 1470, aux états de Tours, où fut résolue la rupture du traité de Péronne, qui pesait à Louis XI. Il prit rang dans cette assemblée immédiatement après les princes du sang. A ce moment, la guerre se ralluma entre le roi et le duc de Bourgogne. Amiens et quelques autres villes de Picardie furent reprises. Le duc accourut, et comme il s'avançait vers Amiens, son avant-garde, soutenue par quatre ou cinq pièces de canon, se présenta devant Picquigny, le dimanche 24 février 1470. Quatre à cinq cents francs-archers et quelques gentilshommes qui s'y trouvaient, voyant l'impossibilité de la défense, se retirèrent. Les Bourguignons brûlèrent la ville. Le château résista deux ou trois jours encore; mais il fut alors forcé de se rendre. Charles-le-Téméraire séjourna à Picquigny jusqu'au 4 mars. Bientôt une trêve d'un an suspendit les hostilités. Mais, à son expiration, la guerre avait recommencé plus cruelle que jamais en Picardie. Le duc vint camper de nouveau, le 17 septembre 1472, à Picquigny. A la fin d'octobre, une nouvelle trêve de deux ans fut signée. Au printemps de l'année 1475, le roi et le duc se remirent en campagne. C'est alors que le vidame d'Amiens étant entré par capitulation dans la ville de Saint-Riquier (mai 1475), souffrit qu'elle fut livrée au

---

(1) D. Grenier, *Notes Mss.*, loc. cit., f°s 135 à 141. — Le duc étant mort le 15 juin de ladite année, et le jour de la prise du château n'étant pas indiqué dans l'information, il est incertain si elle précéda ou suivit sa mort.

pillage pendant dix jours, malgré le serment de fidélité que les bourgeois avaient fait au roi de France. L'abbaye subit le même sort (1).

Cependant le roi d'Angleterre, ligué avec Charles-le-Téméraire, avait débarqué en France. Mais Louis XI fit si bien qu'il rompit leur trame et traita avec Édouard d'une alliance offensive et défensive. Elle fut conclue dans une entrevue qui eut lieu le 29 août sur le pont de Picquigny, au milieu duquel on avait élevé une barrière qui sépara les deux rois. On voit par cette circonstance que les mœurs du temps ne permettaient pas encore cet abandon loyal, cette confiance généreuse avec laquelle deux empereurs, ennemis de la veille, s'avançaient naguère l'un vers l'autre, pour traiter de la paix.

Jean avait épousé, en 1452, Iolande de Bourgogne, fille naturelle de Philippe-le-Bon, qui lui donna un fils et deux filles. Il se démit du vidamé et de la baronnie de Picquigny en faveur de son fils Charles, à l'occasion de son mariage. Il maria l'aînée de ses filles, Ysabeau, avec Jean, seigneur de Mailly, chevalier, et lui donna dix mille livres de dot. Jeanne, son autre fille, se fit religieuse à Moncelles, ordre de Sainte-Claire, au diocèse de Beauvais.

Jean mourut en 1492, après avoir été, probablement à raison de l'affaiblissement de ses facultés, placé sous tutelle pendant assez longtemps. Dès avant 1476, il avait été judiciairement déclaré prodigue et incapable et placé sous la tutelle du sieur Mazinguen. Duchesne dit que son tuteur fut d'abord Antoine, bâtard de Bourgogne, auquel fut substitué le seigneur de Rubempré (2).

(1) De Court, loc. cit., p. 810.—M. Louandre, *Histoire d'Abbeville*, t. 1ᵉʳ, p. 375, 380, 382, 384.—Pagès, t. III, p. 117, 118, 122, 135.
(2) *Rép. bar.*, f° 51-v°.—Duchesne, *Maison de Châtillon*, p. 607.

CHARLES, — 1485-1522 — comme donataire de son père, prit le titre de vidame dès l'époque de son mariage, qui s'accomplit le 9 janvier 1485 avec Phelippote ou Philippe de Crèvecœur, fille d'Antoine et de Marguerite de la Trémoille, dame de Daours. Les officiers de l'évêché qui prétendaient aux droits seigneuriaux sur la transmission qui s'opérait de la terre de Picquigny et du vidamé, refusèrent l'investiture, que Charles dut obtenir de main souveraine (8 mars 1485). L'abbé de Corbie fut moins exigeant et conféra la saisine le 25 février. Charles, à la mort de son père, présenta encore relief à l'évêque. Mais, sur un nouveau refus de l'acceptation, il obtint une seconde saisine de main souveraine, le 17 mars 1492 (1).

Au mois de juin 1493, Charles VIII coucha à Picquigny (2).

Ce fut du temps du vidame Charles d'Ailly, que, en vertu d'ordonnances royales, furent fixées par écrit les coutumes générales du bailliage d'Amiens. Celles particulières de la châtellenie de Picquigny avaient été rédigées en l'assemblée des gens d'église, nobles et praticiens de la châtellenie et baronnie, le 28 août 1507. M. Bouthors, dans son recueil des *Coutumes locales*, fait figurer une copie incomplète qu'il a trouvée de celles de Picquigny. Elle s'arrête à l'article 16, et nous n'y voyons pas figurer les droits ainsi spécifiés dans un accord du 7 mars 1574 :

« Lesd. seigneurs ont droict de prendre sur tous les taver-
« niers vendans vin à broche et à détail en la ville, faulx-
« bourgs et chaussée dud. Picquigny de chascune quene
« 26 solz, de chascune demy quesne 13 solz, de chascun

―――――――

(1) *Notice des Titres de la Mouvance de l'Evêché*, p. 10. Archives départementales. — *Répert. baronn.*, f°* 85-v°, 37-r°. — *Inventaire de l'Evêché*, f° 105, carton 16°. — D. Grenier, *Notes Mss.*, f° 92.

(2) D. Grenier, loc. cit., f° 87. — *Chroniq. Ponthieu*, p. 311.

« poinçon 17 solz 4 deniers, et pareillement sur tous les
« brasseurs de cervoises en lad. ville, faulxbourgs et
« chaussée, de chascun brassin 8 solz. A la charge d'en-
« tretenir par lesd. seigneurs la fermeture et ponts d'icelle
« ville (1). »

Charles d'Ailly fut l'une des dix-huit personnes déléguées pour vérifier et faire concorder les coutumes locales avec les générales. Il signa le procès-verbal de décret desdites coutumes, qui fut dressé le 28 octobre 1507, en la présence des trois états (2).

Sans doute le vidame fut pressé d'argent lorsqu'il vendit à réméré la terre d'Ailly-sur-Somme, avec la maison, cense et terre de Toullay et Dreuil-sous-Amiens, au profit de M. de Béry, seigneur du Hamel-de-Mez, le 22 mai 1493. Il en fit toutefois bientôt le rachat, c'est-à-dire le 23 juin 1495. Le vidame s'était réservé le droit de chasse aux bêtes au pied fourché et au vol des faisans (3).

Il fit son testament, de l'agrément de ses deux fils, le 31 août 1522 et mourut peu de temps après (4).

Ses enfants furent: Antoine; Jean, seigneur de Bellonne;

(1) *Coutumes locales du bailliage d'Amiens*, t. 1ᵉʳ, p. 187.—Archives municipales de Picquigny, *Inventaire*, CC, 2.

(2) Ricard, *Commentaire sur la Coutume d'Amiens*, in-18, *Précis historique*, p. xxj.—*Le Coutumier de Picardie*, commentaire de Ricard. Procès-verbal de 1507, p. 235.—A. Duchesne, *Maison de Châtillon*, p. 608.

(3) *Mouv. censuelle de la baronn. de Picquigny*, art. 2707 et 2709, et *Répert. baronn.*, f° 137.

(4) *Titres* (n° 18) et *Invent. Saint-Martin de Picquigny*, p. 51.— On trouve bien (*Répert. baronn.*, f° 58-v°.) une sentence en son nom du 11 octobre 1520; mais la date, si ce n'est pas le nom, est fautive; car plus loin (f° 127), il y a sentence du 7 janvier 1522 au profit d'Antoine, et *passim* d'autres actes qui prouvent l'erreur.

Marguerite, qui épousa, vers 1516, le seigneur Louis Bournel de Thiembronne ; et Jeanne, mariée au seigneur de Framezelles (1).

Antoine — 1522-1548 — figure en qualité de vidame en une sentence du bailli d'Amiens, datée du 7 janvier 1522. Il fit relief à Corbie le 23 septembre 1523, et à l'évêque François de Hallwin, qu'il appelle son parent, en l'année 1527 (2).

Antoine d'Ailly avait été chargé en 1521, avec le comte de Brienne et plusieurs autres seigneurs, de la conduite, sous le duc Charles de Vendôme, gouverneur de Picardie, de la cavalerie qui venait d'être levée pour la guerre contre l'empereur Charles-Quint, et il rendit de grands services au roi François Ier pendant cette guerre (3).

Marié le 29 octobre 1518 avec Marguerite de Melun, fille aînée de Hugues, vicomte de Gand, et de Jeanne de Horne, il en eut trois fils : François, Louis et Charles; et trois filles : Françoise, qui épousa Antoine de La Garde, seigneur de Tranchelion, gouverneur de Guise; Jossine, qui fut abbesse de la Barre, auprès de Château-Thierry; et N., qui fut religieuse dans un monastère des Pays-Bas (4).

Le vidame mourut en 1548, selon quelques-uns, et comme le prouve d'ailleurs le relief donné par son fils. Cependant on en trouve encore un fait à son profit, le 2 décembre 1549. Mais c'est une erreur du vassal : ce qui montre qu'il

---

(1) A. Duchesne, *Maison de Châtillon*, p. 608.

(2) *Répert. baronn.*, f° 127-v°, 38-r°.—*Invent. Corbie*, t. III, p. 422. —D. Grenier, *Notes Mss.*, loc. cit., f° 91.

(3) *Mémoires de Du Bellay*, liv. Ier f° 20-v°, E.— De La Morlière, loc. cit., p. 24.—Duchesne, *Maison de Châtillon*, p. 608.

(4) Moréri, *Dictionnaire historique*.

ne faut pas se fier aveuglément à ces sortes de documents en ce qui concerne les noms du seigneur dominant (1).

VIII

SUITE DES D'AILLY.—LE NOM TRANSMIS AUX DUCS DE CHAULNES. — CHARLES, AMBASSADEUR A ROME. LETTRE DU PAPE.

François d'Ailly — 1543-1560 — fils aîné d'Antoine, fit hommage le 24 septembre 1548 à l'évêque François de Pisseleu (2).

Il suivit dignement les traces guerrières de son père et de ses ancêtres ; et lorsque la guerre s'alluma de nouveau entre Henri II et l'empereur Charles-Quint, il fut l'un de ces vaillants gentilshommes qui, sous la conduite de François de Guise, s'enfermèrent dans Metz pour défendre cette ville. Quoique mal fortifiée, elle fut sauvée par la prudence des chefs et la valeur des soldats (1552).

Les entreprises de l'empereur en Italie n'avaient que trop fait prévoir une invasion prochaine de ses armées en France. Il fallait protéger la Champagne, la Bourgogne et la Picardie. Le roi employa divers moyens pour se procurer l'argent nécessaire. Entre autres, il ordonna, le 25 janvier 1551, une première levée sur les villes closes du

---

(1) D. Grenier, loc. cit., f° 91.—Duchesne, *Maison de Châtillon*, p. 608.—On lit au *Répertoire de la baronnie*, f° 60-r°, des lettres de provision d'un office de sesterier à Picquigny, données le 26 octobre 1540 par François d'Ailly à François Le Vielle, son homme de chambre.

(2) Il y a aussi dénombrements à son profit du 26 novembre 1548. (*Répert. baronn.*, f°ˢ 37, 180, 187.— *Invent. de l'Evêché*, f° 193-v°.

royaume de la solde de cinquante mille hommes de pied pour quatre mois ; et le 17 novembre 1552, une seconde levée semblable. La part du bailliage d'Amiens fut fixée à cent hommes, dont la solde fut portée à deux mille quatre cents livres tournois. La ville de Picquigny fut, à cet égard, taxée à vingt-six livres pour chaque levée. Elle fut aussi mise en demeure de fournir à une levée de chevaux et de pionniers. D'abord exemptée de celle-ci par lettres du duc de Vendôme, gouverneur et lieutenant du roi en Picardie, du mois de septembre 1552, elle fut de nouveau, aux mois d'octobre et de décembre suivants, sommée de fournir sa taxe (1).

L'armée française campa dans les environs de Picquigny en 1553, et le 2 novembre de l'année suivante les Bourguignons y mirent le feu (2).

Le vidame mourut au mois de janvier 1560 en Angleterre, où des historiens disent qu'il avait été envoyé pour le service du roi ou en ôtage. D'après les *Mémoires Mss.* du P. Du Pré, il s'était retiré en Angleterre, parce que, comme ses frères, il était calviniste, et que les opinions nouvelles avaient été prêchées dans son hôtel à Amiens. Son corps fut rapporté à Picquigny. De sa femme Françoise de Batarnay, fille de René de Batarnay, comte du Bouchage, et d'Isabelle de Savoie, qu'il avait épousée en 1551, il ne laissa point de postérité. Elle lui survécut et jouit, à titre de douaire, de la seigneurie de Raineval, jusqu'en 1617 (3).

Louis — 1560-1567 — frère de François, lui succéda et fit hommage, le 3 mars 1560, à l'évêque Nicolas de Pellevée.

---

(1) Archives municipales de Picquigny, *Inventaire*, série CC, 1.

(2) P. Daire, *Doyenné de Picquigny*, Ms., p. 2.

(3) Moréri, loc. cit.— Duchesne, *Maison de Châtillon*, p. 608.— De La Morlière, loc. cit., p. 24.— De Court, loc. cit., p. 812, 843.

Le 21 du même mois, il passa relief au duc de Lorraine et d'Aumale, baron de Boves, pour un fief noble séant à Vinacourt (1).

Par l'opposition qu'il fit à la réception de l'évêque Antoine de Créquy, le vidame retarda longtemps l'obtention de ses bulles. Il assista à la révision des coutumes du bailliage, au mois de septembre 1567, et fut tué peu de temps après, le 10 novembre de la même année, en combattant à Saint-Denis, dans les rangs des calvinistes, sous l'amiral de Coligny (2). Il ne laissa point de postérité de sa femme Catherine de Laval, fille de Jean de Laval, seigneur de Bois-Dauphin.

Charles, autre frère de François et de Louis, périt avec celui-ci dans la même affaire. Il était capitaine de cinquante hommes d'armes des ordonnances du roi, gouverneur de Moncalve en Piémont. Il fut représenté au procès-verbal de révision des coutumes en qualité de seigneur de Saigneville, Friville, Fressenneville et Emonville.

Charles était marié avec Françoise de Vuarty, dame d'honneur de la reine-mère, Catherine de Médicis, fille de Pierre de Vuarty, chevalier, grand-maître des eaux et forêts de France, et de Yolande de Montlitard. Elle lui donna un fils, dont nous allons parler, et deux filles : Marguerite, l'aînée, qui épousa en 1581 François, comte de Coligny, seigneur de Châtillon-sur-Loing, amiral de Guyenne; et Suzanne, mariée à Tanneguy, seigneur de Chambray.

Philibert-Emmanuel, — 1567-1619 — fils de Charles, était tout jeune encore à la mort de son oncle et de son

---

(1) *Répert. baronn.*, f° 37-v°.— *Inventaire de l'Évêché*, f° 195-v°.— D. Grenier, *Notes Mss.*, loc. cit., f° 85.

(2) *Actes de l'église d'Amiens*, t. 1er, p. lxj.— *Histoire de Charles IX*, par Varillas, t. II, p. 20, 87.— Addit. à Castelnau, t. II, p. 510.

père. Celui-ci, à raison de son âge et selon l'ordre de la nature, devait être présumé avoir survécu à son frère. Mais telle n'était point la règle alors, et la succession fut revendiquée par Antoine de La Garde, au nom de Françoise d'Ailly, sœur des défunts, comme étant plus proche d'un degré que Philibert-Emmanuel. Les officiers de l'évêque refusèrent de recevoir celui-ci à relief, pourquoi sa mère protesta le 24 décembre 1567. D'un autre côté, Françoise d'Ailly étant morte pendant le procès, relief fut fait le 7 octobre 1569 au nom de Charles de La Garde, son fils aîné et héritier. Cependant la représentation en collatérale qui venait d'être admise au profit des enfants de frères et sœurs du défunt, par la réformation de la coutume en 1567, donnait raison pleine et entière au fils de Charles. Après un long procès, un arrêt du parlement, daté du 12 décembre 1572, adjugea à Philibert-Emmanuel tous les biens situés en bailliage. Quant à la terre de La Broye, située dans le bailliage de Hesdin, où la représentation n'était pas admise, elle fut dévolue à Françoise de La Garde, dont le frère Charles était mort après sa mère. Françoise mourut elle-même bientôt après, et cette terre rentra dans la maison d'Ailly (1).

Investie de la la garde-noble de son fils, Françoise de Vuarty fit, pendant sa minorité, de nombreux actes, dont

(1) *Répert. baronn.*, fº 30 et 37-vº. — De Court, loc. cit., p. 845. — C'est sans doute à l'occasion de ce procès que l'application de la coutume d'Amiens, dans quelqu'une de ses dispositions, fut contestée: ce qui motiva un arrêt du 7 septembre 1571, rapporté par Ricard au préambule de son *Commentaire de la Coutume d'Amiens*. — Peut-être même s'agit-il de l'allégation produite au procès que la réformation de la coutume ne pouvait faire loi que du 20 juin 1568, jour de son dépôt au parlement.

quelques-uns offrent un grand intérêt. Nous rappellerons principalement la transaction faite le 7 mars 1574 avec les habitants de Picquigny au sujet de la reconstruction des portes, ponts, fossés et murailles de la ville, qui étaient en ruines. Il fut convenu qu'elle les ferait rétablir et les entretiendrait à ses dépens, qu'elle mettrait gens pour la garde des clefs, mais à la condition que les habitants continueraient de payer les droits dus au seigneur sur le vin, selon l'article 6 de la coutume locale, et sur les brasseurs, selon l'article 7. Cet acte explique que ces impôts n'ont été établis que pour tenir lieu des frais d'entretien desdites murailles et portes, et que la perception ayant discontinué, le seigneur avait cessé de les entretenir (1).

Ce traité concorde précisément avec la reconstruction, dans le style de la renaissance, de cette belle et riche habitation que n'animera pas longtemps la présence des maîtres. Bientôt, en effet, la politique de Richelieu et puis le faste du grand roi attireront près d'eux une noblesse avide de plaisirs et d'honneurs, qui désertera ses vieux et tristes manoirs (2).

Philibert-Emmanuel d'Ailly paraît avoir atteint depuis peu, en 1593, sa majorité absolue, c'est-à-dire l'âge de vingt-cinq ans, auquel elle était fixée alors, car on trouve un acte de relief par lui à l'abbaye de Corbie, daté du 25 août de ladite année, dans lequel il s'excuse que sa mère l'ait omis.

(1) Voyez page 59 ci-dessus.
(2) *Patria*, col. 1979.—Dès 1511, l'ancien château de Picquigny n'était plus habité. Une pièce de procédure contre le village de La Chaussée nous le dit : « Picquigny, lieu où *anchiennement* ils (les vidames) faisoient leur demeure et résidence. » (Archives de l'hospice de Picquigny, II. B. 2.) Il avait fallu une reconstruction en rapport avec les besoins nouveaux pour les y rappeler momentanément.

Au mois d'août 1594, après la prise de Laon, une grande émotion avait lieu dans la ville d'Amiens, dans le but de la livrer au roi. Comme l'échevinage hésitait, le vidame et plusieurs gentilshommes se présentèrent en armes devant l'hôtel-de-ville et aidèrent le peuple à dresser des barricades, dans les quartiers environnants. A quelques jours de là, Henri IV entra dans la ville. A ses côtés marchaient le duc de Longueville, d'Humières et le vidame, suivis de cinq cents jeunes gens de la ville (1). L'année suivante, d'Ailly prenait part au combat contre les Espagnols, sous les murs de Doullens, que ne put sauver la valeur de l'armée française accourue au secours de cette place (24 juillet 1595). Le général ennemi, le comte de Fuentès, annonçant le soir même sa victoire au conseil d'État de la province des Pays-Bas, faisait figurer le vidame au nombre des morts. C'est une erreur (2). Celui-ci se retira avec les Français à Picquigny, où fut tenu un conseil sur le parti à prendre (3).

Pendant que Hernandès Teillo tenait Amiens, qu'il avait surpris par un stratagème que tout le monde connait, Henri IV vint au château de Picquigny, où il séjourna de la fin de mars au 5 avril 1597 qu'il reprit le chemin de Paris. Quelque temps après, sa belle Gabrielle, pour être près de lui pendant le siége, se logea à Picquigny.

(1) P. Daire, loc. cit., t. 1ᵉʳ, p. 329, 335.—De Court, t. 1ᵉʳ, p. 722. —M. H. Dusevel, *Histoire d'Amiens*, t. 1ᵉʳ, p. 345.

(2) *Compte-rendu des séances de la Commission royale d'Histoire de Belgique*, t. 1ᵉʳ, p. 241.—M. Dusevel, DOULLENS, dans *la Picardie*, revue littéraire et scientifique, 1855, p. 68.—Nous avons relevé une semblable erreur à l'égard du seigneur de Gamaches. (Voyez *Gamaches et ses Seigneurs*, p. 167.)

(3) P. Daire, *Doyenné de Picquigny*, Ms., p. 3.

C'était aussi dans ce château qu'on détenait les officiers espagnols faits prisonniers pendant le siége (1).

Philibert-Emmanuel fut chevalier de l'ordre du roi et épousa Louise d'Ongnies, fille de Charles, comte de Chaulnes, gouverneur de Péronne, Montdidier et Roye, lieutenant-général pour le roi en Picardie, et d'Anne Juvenel des Ursins. Elle lui donna trois garçons : Henri, François et Anne-Louis, qui moururent en bas-âge, et une fille : Charlotte-Claire-Eugénie, qui lui succéda.

Pour reconnaître les services de Louis de la Massonnière, son domestique, le vidame lui donna, par contrat en la justice de Picquigny du 13 octobre 1618, la jouissance viagère et la demeure de son château de Flixecourt. Philibert-Emmanuel mourut bientôt après, c'est-à-dire le 1er février 1619. Ce qui le confirme, c'est l'inventaire qui fut fait après son décès au château de Picquigny, dans le cours dudit mois. Sa veuve survécut longtemps : elle mourut le 20 juillet 1641. Selon De Court, Françoise de Vuarty, mère du vidame, fut inhumée dans l'église de Rainneval, quoique étant décédée dans les sentiments du calvinisme. Toutefois, Le Laboureur dit que Philibert-Emmanuel rentra dans le giron de l'église (2).

CHARLOTTE-CLAIRE-EUGÉNIE —1619-1681— née au château de Chaulnes le 26 avril 1606, succéda à son père à défaut d'héritier mâle. Elle épousa Honoré d'Albert de Cadenet, depuis duc de Chaulnes, second fils de Honoré d'Albert de Luynes, frère du connétable, le 13 janvier 1620, selon une note manuscrite du P. Daire. C'est donc par erreur

---

(1) *Précis historique de la surprise d'Amiens*, etc., par Rivoire, p. 32 et 35.

(2) *Répert. baronn.*, f° 62 et 120.—De Court, t. II, p. 815.—Le Laboureur, *Additions aux Mémoires de Castelnau*, t. II, p. 542.

que Moréri, de La Morlière et autres, ont fixé l'époque de ce mariage en 1619. Relief fut fait par sa mère, comme ayant d'elle la garde-noble, le 11 avril 1619 à l'évêque et le 22 du même mois à Corbie, et ensuite les 7 février et 16 novembre 1620 par Honoré d'Albert, en qualité de son mari et *bail,* comme on disait alors (1).

En épousant Charlotte d'Ailly, Honoré d'Albert avait pris l'engagement de porter son nom ; aussi le donna-t-il à son fils Charles. Il fit ériger en duché-pairie son comté de Chaulnes, au mois de janvier 1621 ; les lettres royales en furent vérifiées en parlement, le 6 mars. Toutes les dignités lui échurent : il fut fait maréchal de France en 1619, pair en 1620, chevalier du Saint-Esprit dans la promotion du 31 décembre 1619, lieutenant-général de Picardie le 22 octobre même année ; puis bailli d'Amiens, gouverneur de la ville et citadelle le 22 février 1622, enfin gouverneur de la province de Picardie le 15 juin 1633. En 1621, il commanda les troupes du roi aux siéges d'Angéli et de Montauban ; en janvier 1636, il brava les rigueurs de l'hiver pour ravager l'Artois, par représailles des horribles dégâts faits par les Espagnols en Picardie ; et en 1640, il entreprit le siége d'Arras avec le maréchal de Châtillon, et contribua puissamment à la prise de cette ville. Il fut pourvu du gouvernement d'Auvergne en cette même année. Sa bravoure et ses exploits en ont fait un des hommes illustres de son temps ; mais il ternit ses lauriers en suivant, dans les troubles de la *Fronde,* le parti des princes mécontents (2).

(1) A. Duchesne, *Châtillon,* p. 609.— Moréri, *Dictionnaire historique,* t. VIII, p. 186.— *Titres de l'Évêché,* carton 16ᵉ, Inventaire, fᵒ 106.— *Invent. Corbie,* t. III, p. 422.— *Répert. baronn.,* fᵒˢ 37 et 38.

(2) Mathas, *Recherches des connestables, mareschaux et admiraux de France,* p. 144.— M. Goze, *Château, église de Picquigny,* p. 12.

En 1620, le duc de Chaulnes avait été envoyé en Angleterre pour resserrer l'alliance entre Louis XIII et Jacques Stuart.

C'est lui qui fit construire, en 1633, la demi-lune revêtue de maçonnerie qui couvre la porte de la citadelle d'Amiens, du côté de la ville (1).

Lorsque, de son temps, le samedi 7 juin 1625, la reine de la Grande-Bretagne vint à Amiens, le duc, gouverneur de la ville, s'avança jusqu'à deux lieues au-devant d'elle, à la tête de trois cents cavaliers. Le narrateur contemporain de cet évènement apprécie en ces termes sa harangue à la reine : « Le miel et les paroles sont de mesme douceur
« en la bouche dudit sieur duc : pour les complimens,
« la gentillesse et les courtoisies, on ne l'en a jamais veu
« manquer ; il est aussi riche en cela qu'en toutes autres
« louables qualitez dont nature l'a doüé, pour commen-
« cement des faveurs qu'elle luy promettoit » (2).

Le duc de Chaulnes mourut à l'âge de soixante-neuf ans, le 30 octobre 1649. Par une lettre qui est conservée aux Archives départementales et datée du 2 octobre 1650, la duchesse demanda à l'évêque que le corps de son mari fût mis et déposé en l'une des chapelles de la cathédrale d'Amiens, jusqu'à ce qu'elle mourût elle-même : ce qui fut accordé. Le cercueil de plomb qui renfermait les restes du vidame fut laissé en dépôt dans la chapelle dédiée à saint Jean-Baptiste, derrière le grand-autel, auprès de la chapelle de saint Quentin, jusqu'au décès de Charlotte, arrivé à Magny le 17 septembre 1681. Le corps de la duchesse

---

(1) Rivoire, *Précis historique de la surprise d'Amiens*, p. 16.
(2) *L'Entrée superbe et magnifique de la Royne de la Grande-Bretagne dans la ville d'Amiens*, p. 6, 7.

ayant été renfermé avec celui de son mari, tous deux furent transportés dans la collégiale de Saint-Martin de Picquigny, le 5 mai 1682.

Par acte notarié du 29 octobre 1650, Charlotte fonda un obit solennel pour le repos de son âme, de celle du duc et de ses successeurs. Pourquoi elle donna au chapitre d'Amiens cent cinquante livres de rente, à prendre sur la terre, seigneurie et marquisat de Raineval. Elle fournit en outre les ornements nécessaires pour ce service, c'est-à-dire : « une chasube, deux tuniques, un devant d'autel hault et « bas, trois chappes, quatre tuniques pour les enfants de « chœur, deux crédences, le tout de velour noir, avecq « les croix et aulfroy de thoile d'argent, sur lesquelz « ornemens sont les armes en broderie dudict seigneur duc « de Chaulnes. » La duchesse voulut que quand on transporterait le corps de son mari, qui était déposé dans l'é- « glise, le daiz et poil (poêle) de velour noir, avecq franges « d'argent, armes et écussons, » appartinssent au chapitre. — De plus, elle fonda une chapelle en l'église cathédrale et donna à cet effet trois cent dix livres de rente perpétuelle, à prendre aussi sur la terre de Raineval, plus « le calix, les chandeliers, croix et burettes et bassin « d'argent... avec un coffre pour les serrer. » Enfin elle prit l'engagement, pour elle et ses successeurs, de « fournir « de dix ans en dix ans une chasube décente et hon- « neste » (1).

La postérité du duc de Chaulnes fut nombreuse : quatre garçons et quatre filles ; savoir : Henri-Louis, Charles I*er*, mort en 1647 ; Charles II*e* ; Armand dit *l'abbé de Chaulnes*, mort le 29 avril 1656, âgé de vingt et un ans ; Anne,

---

(1) *Cartul. du chapitre*, vol. II, f° 398.

abbesse de Saint-Pierre de Lyon, morte le 4 février 1672; Marie-Magdeleine-Urbine-Thérèse, coadjutrice, puis abbesse de l'Abbaye-au-Bois en 1685, morte en 1687; Charlotte, prieure perpétuelle du monastère royal de Saint-Louis de Poissy, morte le 1er mars 1707, âgée de quatre-vingt-deux ans; et Antoinette, abbesse de Saint-Pierre de Lyon, après sa sœur, et morte en 1708.

HENRI-LOUIS — 1642?-1653 — devint vidame par démission faite en sa faveur, probablement à l'occasion de son mariage. Cependant de La Morlière, dont l'ouvrage s'imprimait en 1642, le dit *à présent vidame*. Ce titre lui est ensuite reconnu, du vivant de son père, par divers actes; notamment un aveu à lui servi le 21 juin 1646, un échange fait le 9 mars 1649 entre lui et le chapitre, qui lui cède le quart d'une maison sise à Picquigny, où pend pour enseigne *l'Ange* (1).

Henri-Louis fut, après son père, duc de Chaulnes, pair de France, lieutenant-général de Picardie en 1643, bailli d'Amiens, gouverneur de la ville et citadelle.

Il épousa le 3 mai 1646 Françoise de Neuville-Villeroy, fille du premier maréchal de Villeroy et de Madeleine de Créquy, et mourut à Chaulnes, le 11 mai 1653, dans sa trente-troisième année, laissant deux filles: Madeleine-Charlotte qui, au mois de janvier 1664, épousa Jean-Baptiste-Gaston de Foix, duc de Redan, et mourut, à la suite de ses couches, à Paris, le 3 août de l'année suivante, âgée de seize ans; et Catherine, morte jeune en 1662 (2). Quoique De Court suppose que Gaston de Foix fut, par sa

---

(1) *Répert. baronn.*, f° 252-v°.—*Invent. collégiale de Saint-Martin*, p. 62, n° 11.

(2) *Mémoires de Saint-Simon*, t. IX, p. 250.—De Court, t. II, p. 816.—P. Anselme, ouvrage cité, t. IV, p. 273.

femme, vidame d'Amiens pendant dix-huit mois, il faut croire qu'à la mort de Henri-Louis, sa mère, à défaut d'enfant mâle, reprit le vidamé, par l'effet d'une clause de retour et qu'elle en fit donation à son autre fils Charles. Autrement, il y aurait contradiction entre les faits et les actes que nous allons rappeler.

CHARLES — 1655-1698 — troisième fils de Charlotte-Eugénie, était né à Amiens le 19 mars 1625 (1). Il fut baptisé le 16 juin, ainsi que l'avaient été son frère Henri et sa sœur Anne, dans la chapelle du Logis-du-Roi, par l'évêque François Lefebure de Caumartin (2). La mort de sa nièce et de sa petite-nièce le laissa héritier universel des biens de la maison de Chaulnes. Quant au vidamé, il dut en être doté par sa mère en faveur de son mariage, car nous trouvons précisément un mois après, le 13 mai 1655, un aveu à lui servi pour deux fiefs situés à Molliens-Vidame. Néanmoins, il ne releva de l'évêque que le 31 mars 1664 et de l'abbaye de Corbie que le 9 juillet suivant. Parmi le grand nombre d'aveux qui apparaissent en son nom entre les années 1664 et 1698, nous citerons celui fait le 20 octobre 1671 par François-Joseph de Croy, duc d'Havré et de Croy, pour la terre de Wailly (3).

A la mort de son frère, Charles avait fait tous ses efforts pour avoir le gouvernement d'Amiens ; mais il ne put obtenir que celui de Doullens et de Rue, en remplacement de M. de Bar, qui eut celui d'Amiens.— Il fut fait chevalier

---

(1) *Généalogie Ms.*, Titres de l'évêché, carton 16°.—Son épitaphe, dans l'église Saint-Martin, lui donne soixante-quatorze ans passés, ce qui reporterait sa naissance à 1624 : c'est une erreur sans doute.

(2) P. Daire, *Histoire d'Amiens*, t. 1er, p. 52.

(3) *Répertoire des Titres de la baronnie*, f°s 28, 274-v°.—*Inventaire littéral de Wailly*, p. 7.

du Saint-Esprit dans la promotion faite en l'église cathédrale de Reims, le 8 juin 1654 (1).

Il avait épousé le 11 avril 1655 (2) Isabelle ou Elisabeth Le Féron, veuve du marquis de Saint-Mégrin.

Le roi, qui l'estimait beaucoup, l'envoya trois fois (3) en mission extraordinaire à Rome : une première fois en 1667 : la duchesse l'accompagna ; une seconde fois en 1689 pour favoriser l'élection du pape Alexandre VIII, et enfin en 1696. Il se fit remarquer par sa capacité dans ces diverses ambassades. Nous avons du pape Alexandre un bref en réponse à une lettre que la duchesse de Chaulnes lui écrivit pour le féliciter de son exaltation. Nous croyons qu'on le lira avec intérêt.

« A la très-noble dame nostre chère fille en J.-C. la
« duchesse de Chaulnes. Alexandre p.p. VIII.

« Noble dame, nostre chère fille en J.-C., nous ne
« trouvons point d'expression capable de vous témoigner
« jusques à quel point nous a esté agréable la lettre que
« vous nous avez écrite, par laquelle vous nous faites
« connoistre le transport de joye que vous a causé nostre

---

(1) De Court, loc. cit., p. 846.—P. Anselme, t. IX, p. 187.

(2) Moréri, t. 1er, p. 279.—Le P. Anselme, loc. cit., dit en 1665 : c'est une erreur. (Voyez au Contrat de mariage du duc de Chevreuse, et aliàs; Titres de l'évêché, carton 16e.)

(3) Voyez le texte de la pierre tumulaire citée tout-à-l'heure, et le *Catalogue des Reliques*, en l'église Saint-Martin ;—Saint-Simon, *Mémoires*, t. X, p. 484.—*Requête du curé de Picquigny*, 1715; Archives de l'hospice, E. 1.—Contrat de mariage du duc de Chevreuse.—Le P. Anselme fixe à l'année 1670 la date de l'une de ces ambassades : mais comme les trois époques que nous indiquons sont constatées par des documents positifs, on ne peut expliquer cette variante qu'en supposant une prolongation de la première ambassade.

« exaltation au pontificat, car en vérité ce nous est un
« fort grand plaisir de sçavoir la part que prend en ce qui
« nous touche une personne dont la vertu et les belles
« qualitez luy ont autrefois acquis dans ce théâtre des
« nations l'estime de tout le monde et principalement la
« nostre. Nous souhaitons aussi que vous teniez pour chose
« constante que nous embrasserons avec plaisir les occa-
« sions que nous désirons rencontrer de vous donner des
« preuves effectives de l'épanchement sensible de bienveil-
« lance que nous vous exprimons, surtout eu égard aux
« mérites insignes et qui nous seront toujours présents,
« que s'est fait auprès de Nous nostre cher fils, vostre
« noble époux le duc de Chaulnes, en procurant selon les
« intentions du roy très-chrestien nostre exaltation au
« pontificat, dont nous étendons mesme de bon cœur la
« reconnaissance sur toute sa famille. Cependant, nous
« prions Dieu, souverain dispensateur, de vous combler
« de toutes sortes de biens; et, d'un zèle de père, nous
« vous donnons enfin nostre bénédiction apostolique. A
« Rome le 7 novembre 1689. » (1).

Pour récompenser le duc de Chaulnes de ses bons services, le roi lui donna en 1670 le gouvernement de Bretagne.
Il s'y fit singulièrement aimer et estimer. Aussi y reçut-il
toujours et de tous, corps et particuliers, des marques de
vénération et d'attachement. Un discours qu'il prononça le
10 août 1681 aux états de la province, fut fort applaudi (2).

Le roi l'envoya en qualité de plénipotentiaire à Cologne,
pour la négociation de la paix, en 1673, et en 1693 il fut,
avec le maréchal d'Humières, commis à la garde des côtes

---

(1) *Mercure galant*, May 1690, p. 105.
(2) Saint-Simon, *Mémoires*, t. II, p. 199.—P. Daire, *Hist. d'Amiens*,
t. 1ᵉʳ, p. 52.

de l'Océan, sous les ordres de Monsieur, frère du roi. On craignait alors une descente des Anglais (1).

En 1695, le roi qui voulait pourvoir le comte de Toulouse du gouvernement de Bretagne, donna au duc en échange celui de Guyenne. Cette nouvelle qu'il reçut de la bouche même du roi, lui causa la plus vive douleur. Le duc de Saint-Simon dit même, dans ses *Mémoires*, qu'il en mourut de chagrin. Il fut regretté de tout le monde, et en Bretagne le deuil fut général. Sa mort arriva après une longue maladie, le 4 septembre 1698. Son corps fut déposé dans le caveau de ses ancêtres et son cœur dans la chapelle de l'hôpital Saint-Yves de Rennes, dont il avait été le bienfaiteur. Il y a été découvert au mois de février 1860, enfermé dans une boîte de plomb. Il ne laissa point d'enfant de la duchesse, qui lui survécut peu de temps et mourut le 6 janvier 1699 (2).

Saint-Simon, qui était habile à peindre les hommes de son temps, fait ainsi le portrait du duc de Chaulnes :
« C'était, sous la corpulence, la pesanteur, la physionomie d'un bœuf, l'esprit le plus délié, le plus délicat, le plus souple, le plus adroit à prendre et à pousser ses avantages avec tout l'agrément et la finesse possibles, jointe à une grande capacité et à une continuelle expérience de toutes sortes d'affaires, et la réputation de la plus exacte probité, décorée à l'extérieur d'une libéralité et d'une magnificence également splendide, placée et bien entendue, et de beaucoup de dignité avec beaucoup de politesse. »

Quant à la duchesse, « c'était, dit-il ailleurs, pour la figure extérieure, un soldat aux gardes et même un peu

---

(1) P. Daire, loc. cit., p. 51. — P. Anselme, t. IV, p. 273.

(2) Moréri. — P. Anselme. — *Analectes picards*, dans le journal *le Napoléonien, Moniteur de la Somme*, n° 998.

suisse habillé en femme; elle en avait le ton et la voix, et des mots du bas peuple; beaucoup de dignité, beaucoup d'amis, une politesse choisie, un sens et un désir d'obliger qui tenait lieu d'esprit, sans jamais rien de déplacé, une grande vertu, une libéralité naturelle et noble, avec beaucoup de magnificence et tout le maintien, les façons, l'état et la réalité d'un fort grande dame, en quelque lieu qu'elle se trouvât, comme M. de Chaulnes l'avait de même d'un fort grand seigneur. Elle était comme lui adorée en Bretagne et fut pour le moins aussi sensible que lui à l'échange forcé de ce gouvernement... Elle ne fit que languir et s'affliger depuis la mort de M. de Chaulnes et ne voulut presque voir personne dans le peu qu'elle vécut depuis. » Il est vrai qu'ils avaient passé leur vie dans la plus intime union (1).

Malgré les profits immenses que le duc avait retirés des droits d'amirauté attachés au gouvernement de Bretagne, il laissa force dettes, s'inquiétant peu de ce qui pourrait rester au duc de Chevreuse, son héritier institué. Il disposa même de tout ce qu'il put en legs pieux et rémunératoires (2).

Les d'Ailly portaient : *de gueules, au chef échiqueté d'argent et d'azur, de trois traits.* On y a depuis ajouté, à cause du nom, *deux branches d'alier ou d'alisier d'argent en double sautoir* (3) : ce qui en faisait des armes parlantes. (V. pl. IIe.)

---

(1) Saint-Simon, t. IIe, p. 196 et 274.
(2) Saint-Simon, p. 199.
(3) La Colombière, *La Science héroïque*, p. 210, rappelle ce proverbe sur trois illustres maisons de Picardie :

Ailly, Mailly, Créquy,
Tel nom, telles armes, tel cry.

Voyez aussi Menestrier, *Recherches du blason.* — Geliot, *La vraie Science des armoiries*, p. 638. — D. Cafliaux, p. 40. — P. Anselme, t. IX, p. 187.

IX

FAMILLE DE CHEVREUSE.
MICHEL-FERDINAND, PHYSICIEN. — DÉCRET DE LA TERRE DE PICQUIGNY. — PROCÈS SUR SA MOUVANCE.

CHARLES-HONORÉ — 1698-1709 — duc de Chevreuse, né le 7 octobre 1646, était fils de Louis-Charles d'Albert duc de Luynes et neveu à la mode de Bretagne (1) de Charles de Chaulnes. Celui-ci l'avait institué son héritier le 1er fevrier 1667 au contrat de son mariage, qui s'accomplit le 3, avec Jeanne-Marie Colbert, fille aînée du ministre Colbert, et renouvela cette institution en son testament du 1er juin 1698, avec substitution au profit de celui de ses fils qui depuis longtemps portait le nom du testateur. L'institution avait été publiée au bailliage d'Amiens, le 6 septembre 1669. Elle fut le premier acte qui ait donné ouverture aux droits de quint denier au profit de l'évêché sur la terre de Picquigny. Encore y eût-il doute et contestation, et les parties remirent-elles la décision à des arbitres (2).

Mais un si riche héritage ne devait point passer à une branche collatérale sans exciter la convoitise des autres héritiers. Après la mort du duc de Chaulnes et de sa veuve, chacun prétendit relever le fief et en demanda saisine à l'évêque. Ce fut d'abord, le 7 février 1699, l'héritier insti-

---

(1) On appelait ainsi le fils d'un cousin-germain.
(2) P. Anselme, t. IV, p. 270. — D. Grenier, *Notes Mss.*, loc. cit., f° 92. — *Inventaire de l'Évêché*, f° 196, carton 16°.

tué, Charles-Honoré, qui fut ensaisiné par main souveraine le 16 dudit mois; ce fut ensuite, le 11 du même mois de février, Louis, marquis de Mailly, de Neslo et de Montcavrel, se disant seul mâle et héritier bénéficiaire; et, le 24 mars 1700, Charlotte-Éléonore de Vuitemberg, parente du troisième au quatrième degré : ceux-ci réclamaient les propres de la ligne des d'Ailly. D'un autre côté, les propres des maisons d'Ongnies et de Rasse (1) étaient réclamés par Louis de Commenge, marquis de Vervins, par Fabio Brulart de Sillery, évêque de Soissons, Roger Brulart, marquis de Puisieux, lieutenant-général des armées de Sa Majesté, ambassadeur en Suisse, etc. Un procès s'engagea : après vingt audiences, il fut jugé, par arrêt de la grande chambre, le 30 août 1700, que dans le cas d'institution contractuelle, il n'y avait aucune distinction à faire quant à l'origine des biens; en conséquence, les diverses prétentions furent repoussées et Charles-Honoré fut maintenu dans la propriété et la possession du tout (2).

Il passa déclaration de relief à Corbie le 13 juin 1705.

Le duc de Chevreuse fut d'abord pourvu, le 7 août 1670, de la charge de capitaine-lieutenant des chevau-légers de la garde du roi; en 1701, il céda cette charge au duc de Montfort, son fils. Il assista aux siéges de Mons (1691) et de Namur (1692). Il fut fait chevalier de l'ordre du Saint-Esprit dans la promotion du 31 décembre 1688 (3).

---

(1) L'aïeule paternelle de Louise d'Ongnies, femme de Philibert-Emmanuel, était Antoinette de Rasse, dame de la Hargerie (P. Anselme, t. IX, p. 100).

(2) *Invent. de l'Évêché*, f° 196.—*Recueil de pièces sur la mouvance*, deuxième mémoire, p. 51 et 52; — treizième mémoire, p. 46.— Laurière, *Traité des Institutions contractuelles*, t. 1er, p. 175.

(3) Moréri, loc. cit.—P. Anselme, ouvrage cité, t. IX, p. 219.

Lorsque le roi, en 1695, avait pourvu le duc de Chaulnes du gouvernement de Guyenne, il en avait assuré la survivance au duc de Chevreuse, qu'il aimait et que des travaux et des entreprises exagérées avaient fort obéré. En effet, pour faciliter l'exploitation de ses bois, il avait entrepris de creuser un canal de Saint-Leger jusqu'à Mantes, et avait fait paver un chemin dans sa forêt. Il y enfouit des sommes énormes, sans atteindre son but. Pour surcroit de malheur, il avait essuyé de fortes banqueroutes. Comme il était homme d'esprit, plein de douceur, de mesure et de modestie, il plaisait beaucoup au roi, qui passe pour en avoir fait secrètement son ministre d'État, ce qu'il était empêché de faire ostensiblement par madame de Maintenon (1).

Le duc de Chevreuse mourut à Paris, le 5 novembre 1712. Pris de la goutte, maladie de famille, dès l'âge de dix-neuf ans, sa sobriété et un régime sévère en avaient amoindri les effets, mais l'exagération même de ce régime le tua.

Charles-Honoré était assez grand, d'une figure noble et agréable. Son éducation avait été fort soignée par les solitaires de Port-Royal-des-Champs, auxquels son père l'avait confiée. Aussi s'exprimait-il avec une facilité et une justesse d'expressions fort rares. Il était doux, modeste et poli, même avec ses valets, gai et d'excellente compagnie dans un intérieur d'amis et de famille.

La duchesse qui lui survécut « était une brune, très-aimable femme, grande et très-bien faite, sans beaucoup d'esprit, mais d'une franchise et d'une droiture singulière, d'une piété vraie et d'une vertu qui ne se démentit en

---

(1) Saint-Simon, *Mémoires*, t. 1ᵉʳ, p. 268; t. II, p. 199; t. III, p. 236; t. VIII, p. 122; t. X, 381.

aucun temps. » Elle mourut dans l'été de 1732, âgée de plus de quatre-vingts ans (1).

De leurs huit enfants, nous citerons : Charles-Jean-Baptiste, comte de Montfort, né le 27 novembre 1667 et mort le 3 août 1672; Honoré-Charles, aussi après son frère comte de Montfort et de Luynes, tué à Landau le 9 septembre 1704, étant marié depuis 1694 ; Louis-Auguste, ci-après; et Louis-Nicolas, comte de Châteaufort, dit le *chevalier d'Albert*, né le 9 avril 1679, mestre de camp au régiment de dragons, tué à Carpi le 9 juillet 1701.

Dès le mois d'avril 1709, le duc de Chevreuse avait remis la jouissance de Picquigny et le vidamé à son fils, à compter du 1er janvier précédent (2).

Louis-Auguste — 1709-1729 — né le 20 décembre 1676, était le cinquième fils de Charles-Honoré. Il devint le second par la mort de ses aînés. Pour se conformer aux conditions de la substitution, il prit le nom et les armes d'Ailly. Il passa déclaration de relief à l'évêque, le 7 mai 1716 (3).

Louis-Auguste fit ses premières armes en 1693. Au mois d'octobre 1695, il fut fait colonel de l'un des cinquante régiments d'infanterie de nouvelle création, qui fut réformé en 1697. Il eut au mois de juillet 1701 un régiment de dragons vacant par la mort de son frère, le chevalier d'Albert, et au mois de février 1702 il fut fait sous-lieutenant des chevau-légers de la garde, dont il fut nommé capitaine-lieutenant le 17 septembre 1704, à la place de son frère tué quelques jours auparavant. Il servit à la bataille de Ramillies (23 mai 1706), fut fait maréchal de camp le 20 juin 1708 et assista

---

(1) Saint-Simon, t. x, p. 107, 378, 381 et 386.
(2) *Inventaire de l'Évêché*, f° 196-v°; Archives, QQ, 13e liasse.
(3) Moréri, t. 1er, p. 270. — P. Daire, *Histoire d'Amiens*, t. 1er, p. 53. — *Inventaire de l'Évêché*, f° 196-r°.

en cette qualité au combat d'Oudenarde au mois de juillet suivant et à la bataille de Malplaquet le 11 septembre 1709. Il fut nommé lieutenant-général des armées du roi le 8 mars 1718 et chevalier des ordres de Sa Majesté le 3 juin 1724. Au mois d'avril 1734, il devint lieutenant-général dans l'armée d'Allemagne et en fit les fonctions au siége de Philisbourg et dans la campagne de 1735.

A la mort du duc de Chaulnes, en 1698, le duché s'était trouvé éteint, faute d'héritier dans la ligne masculine. Le roi rétablit cette dignité au profit de Louis-Auguste d'Ailly, par lettres du mois d'octobre 1711, rapportées par le P. Anselme (1).

La charge de grand bailli et de gouverneur de la ville et citadelle d'Amiens et de la ville de Corbie lui fut donnée au mois d'avril 1729; celle de lieutenant du roi en la province de Picardie en 1741. Il fut fait maréchal de France en cette même année (2).

Louis-Auguste épousa le 21 janvier 1704 Marie-Anne-Romaine de Beaumanoir, fille du marquis de Lavardin, qui lui donna sept enfants, dont trois garçons: Louis-Marie, Charles-François, comte de Picquigny, Michel-Ferdinand, comte de Chaulnes; et quatre filles.

Ses trois fils auraient été successivement vidames, selon les notes de D. Grenier et le P. Daire; et les deux derniers seulement, selon Moréri, ce qui nous paraît plus exact. Quoiqu'il en soit, il est positif que Louis-Auguste avait cessé d'être vidame longtemps avant sa mort, qui arriva le 9 novembre 1744 (3).

(1) *Histoire généalogique des grands officiers*, t. v, p. 204.
(2) P. Daire, loc. cit., p. 54.
(3) D. Grenier, *Notes Mss.*, f° 95. — Moréri, loc. cit., p. 278. — P. Daire, loc. cit., p. 55.

Louis-Marie, qualifié vidame par les historiens que nous venons de citer, était né le 31 juillet 1705. Son père obtint pour lui la survivance du grade de capitaine-lieutenant des chevau-légers de la garde, dont il était pourvu, et il prêta serment le 5 avril 1717, alors qu'il n'avait pas douze ans. Cependant il ne nous paraît pas probable qu'il fut devenu vidame alors ni depuis. Sa jeunesse et le défaut d'alliance en sont de fortes présomptions contraires (1). Il mourut à Chaulnes, le 23 novembre 1724.

Charles-François, — 1729-1731 — son frère, né le 6 septembre 1707, devint vidame par la donation que lui fit son père, en faveur de son mariage avec Marie-Sophie de Courcillon, fille et unique héritière de Philippe Egon, marquis de Courcillon, le 20 janvier 1729. Son père se démit aussi en sa faveur de sa charge de capitaine-lieutenant des chevau-légers, dont il devait toutefois conserver pendant six ans le commandement.

Charles-François mourut à Paris de la petite vérole le 14 juillet 1731 (2), laissant une seule fille, Marie-Thérèse, née le 18 novembre 1730, laquelle mourut le 13 mai 1736.

A la mort de son fils, Louis-Auguste reprit le vidamé par l'effet du droit de retour et s'en démit bientôt de nouveau au profit de son troisième fils (3).

Michel-Ferdinand — 1734-1769 — était né le 31 décembre 1714. Il avait embrassé d'abord l'état ecclésiastique et avait été fait chanoine de Strasbourg dès l'âge de sept ans; mais il dut le quitter pour relever sa maison. Il fut fait

---

(1) P. Daire, loc. cit., p. 55.—Saint-Simon, *Mémoires*, t. xiv, p. 355.

(2) Quelques stances adressées au duc de Chaulnes à l'occasion de cette mort, se lisent dans le *Mercure de France* de ladite année, et ont été reproduites par M. Dusevel, *De l'utilité du Mercure de France*, p. 17.

(3) D. Grenier, *Notes Mss.*, f° 95.

colonel d'un régiment d'infanterie par commission du 22 juillet 1731, cornette des chevau-légers en mai 1733, capitaine-lieutenant le 19 février 1735, par démission de son père qui avait repris cette charge après la mort de Charles-François, brigadier en 1740, maréchal-des-camps en 1743, lieutenant-général des armées du roi et chevalier de ses ordres en 1751. Il eut, en 1747, la lieutenance générale du comté Nantais, dont il se démit en 1753 (1).

Ce fut en faveur du mariage qu'il contracta avec Anne-Josèphe Bonnier, fille de Joseph Bonnier, baron de la Mosson, le 25 février 1734, que son père lui fit don du vidamé. Cependant on remarque qu'il ne fit hommage à l'évêque et ne lui demanda l'investiture que le 13 avril 1750. Dans l'acte qui en fut dressé, il agit comme donataire substitué et héritier bénéficiaire de feu son père, et prit les qualités de pair de France, capitaine-lieutenant de la compagnie des deux cents chevau-légers de la garde ordinaire du roi, gouverneur de la ville et citadelle d'Amiens et de Corbie, etc. (2). Les qualités de duc et pair de France lui avaient été conférées en 1745.

En 1752, il fut nommé gouverneur-général de Picardie. Cependant il ne vint que l'année suivante à Amiens prendre possession officielle de son gouvernement. Il était accompagné de la duchesse. La réception qu'on leur fit fut des plus brillantes. La jeunesse, organisée en compagnie à cheval, leur servit de garde d'honneur pendant tout leur séjour, c'est-à-dire du 12 au 16 août. A l'arrivée du gouverneur, la ville lui présenta deux cent vingt-cinq bou-

---

(1) Moréri, loc. cit., t. 1ᵉʳ, p. 279.—P. Daire, loc. cit., p. 56.—Saint-Simon, t. xiv, p. 355.

(2) Archives de l'évêché, carton 16ᵉ, notes.

teilles de vin, deux paons, quatre cygnes, huit faisandeaux, douze perdrix, vingt-quatre cailles, tous bien vivants, un esturgeon, deux saumons, douze carpes et douze perches, bien frais et magnifiques. Elle présenta aussi à madame la duchesse en particulier : vingt-cinq bouteilles de liqueurs, quatre-vingt-seize boites de confitures et de dragées. Le lendemain de leur arrivée, le duc et la duchesse honorèrent de leur présence une séance de l'Académie des arts, sciences et belles-lettres d'Amiens, et le duc la présida même en qualité de protecteur. Le mercredi 15 août, ils assistèrent à un souper et à un bal masqué offert par la ville. La veille, ils avaient fait une visite à leur château de Picquigny, accompagnés de leur garde d'honneur (1).

La duchesse de Chaulnes était remarquée pour son esprit et le charme de sa conversation. « Entraînée par son imagination vive et déréglée, tantôt elle s'adonnait dans le silence du cloître aux pratiques les plus austères de la religion, tantôt, rentrée dans le monde, elle se livrait à son penchant pour les plaisirs... Par sa conduite, elle fit mourir de chagrin le plus vertueux des maris, dont elle aurait pu faire le bonheur, si elle eût été douée de qualités moins brillantes, mais plus solides » (2). Les dépenses excessives de la duchesse ne contribuèrent pas peu à la ruine de la maison de Chaulnes, déjà fort obérée.

Pour faire diversion à ses chagrins domestiques, le duc « se livra avec ardeur à l'étude de la physique et de l'histoire naturelle...; fit construire la plus grande machine électrique de son temps et fut nommé, en 1743,

---

(1) *Relation de l'entrée à Amiens du gouverneur-général en 1753*. Bibl. d'Amiens.—*Mercure de France*, novembre 1753.

(2) M. Goze; *Château, église, etc., de Picquigny*, p. 12.

membre honoraire de l'Académie des sciences » (1). Il a publié les ouvrages suivants : 1° *Nouvelle Méthode pour diviser les Instruments de mathématique et d'astronomie;* 1768. 2° *Description d'un Microscope et de différents Micromètres;* 1768 (2).

Il faut lui reconnaître aussi un certain talent littéraire, sinon toutes les qualités d'un poète, si, comme nous le croyons, on doit lui attribuer l'épître qu'a publiée le *Mercure de France* (3) et qui est ainsi datée : « *Pik.* 1742. » Le P. Daire a cru que cette épître était de J. Lecomte, curé de Picquigny, dont nous parlerons bientôt. Mais le sujet même et la manière dont il est traité, nous semblent bien établir le contraire.

Michel-Ferdinand mourut en 1769.

Louis-Marie-Joseph-Romain — 1769-1774 — son fils, né le 28 novembre 1741, lui succéda et fut le dernier vidame de cette noble famille. Avec lui s'éteignit le prestige d'un titre que la révolution allait d'ailleurs effacer bientôt, pour n'en laisser à la génération suivante qu'un souvenir vague et presque incompris.

Il était, en 1756, cornette-surnuméraire de cette compagnie des chevau-légers de la garde, dont le commandement était comme un héritage de famille. Poussé par son ardeur pour les sciences chimiques, il quitta le service à l'âge de vingt-quatre ans pour s'y adonner tout entier, et il y fit d'importantes découvertes. Dans un voyage en Égypte en 1765, il rectifia des erreurs commises par des antiquaires sur plusieurs monuments de cette contrée (4).

(1) M. Goze, loc. cit., p. 12.
(2) *Recueil de Mémoires*, Bibl. d'Amiens, n° 3063, arts et métiers.
(3) Pages 1118-1120.
(4) M. Goze, loc. cit., p. 13 et 14.

Devenu duc de Chaulnes par la mort de son père, il épousa sa parente Marie-Paule-Angélique d'Albert de Chevreuse, fille de Marie-Charles-Louis d'Albert de Chevreuse, gouverneur de Paris, et petite-nièce du cardinal de Luynes. Cette riche alliance ne put le sauver de la ruine. Nous avons vu que l'abyme se creusait depuis longtemps. En 1773, nous trouvons le duc en exil. Était-ce par ordre du roi, ou bien pour se soustraire à l'action de ses créanciers? (1). Rien n'a pu jusqu'ici nous renseigner à ce sujet. Quoiqu'il en soit, bientôt les créanciers de sa maison firent saisir la terre de Picquigny. Elle fut décrétée et adjugée par voie de command à Pierre Bryet, écuyer, sieur de Bernarpré, le 27 avril 1774, moyennant un million cinq cent mille cinq cents livres. Celui ci ne se fit point investir et déclara à son tour command au profit de Liefman Calmer, grand bourgeois de la ville de La Haye, le 25 avril 1775 (2).

A l'occasion de cette vente surgit un procès contre l'évêque d'Amiens et l'abbé de Corbie qui, soutenant que la terre de Picquigny était dans leur mouvance féodale respective, réclamaient les droits de quint et de requint à eux dus en pareil cas. Calmer nia cette mouvance et soutint qu'il ne s'agissait que d'un fief de dévotion dont l'hommage n'emportait aucun droit pécuniaire. Mais « un arrêt du 24 mars 1779, rendu après cinq années de débats, après des mémoires sans nombre, après des productions de titres compulsés dans tous les dépôts d'archives de la Picardie et de la capitale, adjugea la mouvance de la terre de Picquigny aux églises d'Amiens et de Corbie, et condamna

(1) Deuxième mémoire de Calmer pour la collation de la trésorerie de la collégiale, p. 17.
(2) Voyez le *Recueil de mémoires sur la mouvance*, cité plus haut.

le sieur Calmer à acquitter les droits de relief réclamés par les deux prélats » (1). Calmer se pourvut en cassation contre cet arrêt du parlement, mais il fut débouté de sa demande par arrêt du conseil du 20 juillet suivant.

Il revendit alors le domaine à Charles-Philippe de Bourbon, comte d'Artois, depuis Charles X, le 21 octobre 1779. Celui-ci, pour échapper au droit, prétendit que cette baronnie relevait immédiatement du roi et demanda, en qualité de donataire du droit de prélation de Sa Majesté, à la reprendre sur le sieur Calmer par retrait féodal. Mais par arrêt du 3 juin 1783, il fut à son tour débouté de sa demande et son pourvoi en cassation fut rejeté le 25 mai 1784. Le 30 septembre suivant, le chancelier du comte d'Artois fit sa déclaration de foi et hommage à l'évêque (2).

Calmer avait démembré la baronnie de Picquigny en inféodant Belloy-sur-Somme en 1777, Saint-Vast et Molliens-Vidame en 1778, Flixecourt et La Chaussée en 1779.

On a remarqué que jamais la terre de Picquigny n'avait été vendue avant 1774, circonstance bien rare pour les grands fiefs du royaume.

A la révolution, le domaine de Picquigny, confisqué sur le comte d'Artois, fut vendu au district d'Amiens, les 27, 28 et 29 nivôse, 1er et 2 pluviôse an III, à l'exception du bois de Saint-Pierre-à-Gouy. Celui-ci fut rendu, lors de la restauration, au comte d'Artois, qui le donna en 1810 à son fils le duc de Berry. Les deux enfants du duc l'ont aliéné en 1833. Quant au château ruiné de Picquigny et ses dépendances, ils appartiennent aujourd'hui à M. Adrien de Morgan.

---

(1) M. Bouthors, *Coutumes locales*, t. 1er, p. 235, note 1re.
(2) Recueil cité, *Mémoire de* 1783, p. 4.

X

ÉTABLISSEMENTS RELIGIEUX :
ÉGLISES PAROISSIALES ; — CHAPITRE DE SAINT-MARTIN ; ABBAYE DU GARD.

Nous réunissons ici sous une même rubrique les divers établissements religieux de Picquigny et aussi l'abbaye du Gard, comme nous réunirons sous le paragraphe suivant les établissements charitables, afin que notre récit ne se trouve pas coupé, que tous les faits qui les concernent soient groupés et que l'attention se concentre un instant sur eux.

Picquigny était le chef-lieu d'un doyenné, dans lequel on comptait mille sept cent vingt feux en 1567 (1), ce qui représentait environ huit mille six cents habitants (2).

ÉGLISES. — PAROISSE. — Nous ne décrirons pas l'église collégiale de Saint-Martin, non plus que l'église paroissiale de Saint-Jean-Baptiste, sur lesquelles MM. Goze et Dusevel, dans les ouvrages que nous avons cités, ont fourni d'intéressants détails. Mais nous donnerons les documents suivants, parce qu'ils sont inédits pour la plupart.

Bâtie dans l'enceinte des murailles du château, l'église Saint-Martin servit seule de paroisse dans l'origine. Elle était sous le double vocable de saint Martin et de saint Jean-Baptiste. C'est ce qui résulte du titre même de fon-

---

(1) D. Grenier, *Notes Mss.*, loc. cit., f° 86.
(2) On comptait ordinairement cinq âmes par feu dans les campagnes et sept dans les villes. (Voyez *État du diocèse d'Amiens*, aux Archives départementales.)

dation du chapitre : « *Ut ecclesiam B. Martini et S^{ti} Joannis-Baptiste libere possiderent...* » (1). Mais comme l'accès en était difficile en tout temps, et surtout en temps de guerre, on résolut de bâtir, pour lui servir de secours, une autre église, sous l'invocation de saint Jean-Baptiste, en dehors du château, en descendant vis-à-vis de l'hôtel-Dieu ; ce qui fut autorisé par lettres données au mois d'octobre 1246 par le légat du Saint-Siége, du consentement du vidame Gérard (2). Sans doute, l'église bâtie alors subit bien des modifications jusqu'à l'époque où elle disparut tout entière, ne laissant que son clocher, dont la tour a été bâtie au xviie siècle. La coupole qui le couronnait, a été enlevée dans la nuit du 6 au 7 décembre 1856 par une tempête.

En 1601, une partie du comble de l'église de Saint-Jean-Baptiste fut réédifiée. A cette occasion, une quête fut faite dans la paroisse. Dans une requête à l'intendant de Picardie, du mois de septembre 1686, il est aussi question de travaux importants qui venaient d'être faits, peut-être au clocher.—En 1690, on répara les voûtes du chœur, ce qui occasionna une difficulté avec le chapitre pour sa participation à la dépense.—En ladite année 1601, à la demande d'un prédicateur, on mit « un ciel sur la chaise où on presche. »—En 1696, une sacristie fut construite par les marguilliers, de l'autorité du chapitre, gros décimateur de la paroisse, à la droite du chœur de l'église Saint-Jean-Baptiste ; et pour y communiquer, une porte fut ouverte sous une fenêtre du chœur.—En 1731, le chapitre demanda aux marguilliers de Saint-Jean-Baptiste l'autorisation de raser à la hauteur de six pieds les petites colonnes ou

(1) *Gallia christiana*, t. x, instrum. p. 290.
(2) *Archives de l'hospice de Picquigny*, II. B. 2.— *Répert. baronn.*, f° 21-r°, n° 148.

cordons qui régnaient des deux côtés du chœur, afin de pouvoir donner de l'uniformité aux bancs qu'on y avait placés : « ce qui ne peut, disaient-ils, causer aucun dommage à la maçonnerie. » Les marguilliers, « entrant dans les bonnes intentions de décorer leur église, » donnèrent leur consentement (1).

Par déclaration de Monseigneur Feydeau de Brou, évêque d'Amiens, datée du 11 août 1702, et du consentement du vidame qui en était patron-présentateur, la chapelle Saint-Nicolas d'Ailly-sur-Somme, fut unie à la cure de Saint-Jean-Baptiste, afin d'aider à la subsistance d'un vicaire à établir à Picquigny. Il fut stipulé que s'il arrivait que le vicaire cessât d'exister, le revenu de cette chapelle serait donné aux pauvres de Picquigny, sous la déduction de l'acquit des deux messes dont il était chargé et des décimes. Ce revenu provenait de la possession de neuf journaux et demi de terre et d'une maison connue, en 1715, sous le nom de *la Masure de la Chapelle*. — Cette chapelle avait été fondée au mois d'avril 1257 par Jean, chevalier, sire d'Ailly-sur-Somme, qui la dota d'une masure et de six journaux de terre, à côté de la forêt d'Ailly, vers Saveuse, « de sous le voie qu'on apele le Voie du Ré, par devers « Amiens ; » il y ajouta dix muids d'ablais, moitié blé et moitié avoine, à prendre sur le terroir d'Ailly, et vingt chapons sur les cens d'Ailly. — En une sentence du 8 février 1697, le chapelain de Bonnaire reconnut que le revenu de ladite chapelle consistait en quatre muids de blé, autant d'avoine et vingt-deux chapons (2). — Une déclaration faite au bureau diocésain, en 1730, fait con-

(1) *Archives municipales et Inventaire de Picquigny*, CC. 1 ; GG. 4.
(2) *Archives municipales et Inventaire*, GG. 7. — *Répert. baronn.*, f° 139-v°. — *Inventaire des Titres de l'Évêché*, f° 114.

sister ce revenu en : 1° soixante-quinze septiers de blé et autant d'avoine, mesure d'Amiens, à prendre sur le champart du lieu; 2° quinze livres, revenu de douze journaux de terre à labour, en deux pièces, à Ailly; 3° vingt-deux chapons, à raison de dix-huit sols l'un ; 4° et quarante sols de surcens sur une petite masure, où était autrefois la demeure du chapelain ; ce qui donnait un produit total de deux cent seize livres seize sols. Sur quoi il payait vingt-sept livres treize sols six deniers de décimes et remettait au vicaire soixante septiers de blé et autant d'avoine, attendu que l'union avait eu pour principal objet de pourvoir aux besoins du vicaire.

Le titre à donner à l'église de Saint-Jean-Baptiste fut, comme celui du prêtre qui la desservait, l'objet de doutes et de contestations. En 1721, les habitants protestèrent contre le titre de *vicaire* que les chanoines donnaient à leur curé, et ils invoquèrent un acte de l'officialité du 5 mars 1658 qui avait décidé que J. Rohault se pourrait qualifier *curé* de la paroisse Saint-Jean-Baptiste. De là naquit entre eux la question de savoir quelle qualification devait porter l'église; *paroisse* ou *succursale*. La procédure s'engagea, dura trente-deux ans et finit par un arrêt du conseil d'État du 25 mai 1753 qui, donnant raison aux deux parties, dit que l'église Saint-Jean-Baptiste était à la fois paroissiale et succursale, maintint le chapitre dans le droit de s'en dire curé-primitif, et ordonna la démolition des fonts baptismaux qui y avaient été établis (1).

Un inventaire fait sous la gestion du curé Dedun (1701-1703) constate que l'église possédait un très-beau soleil, deux calices fort petits, une belle croix pour les processions, le tout en argent, trois cloches et une tapis-

(1) Archives municipales de Picquigny, GG. 6.

serie à mettre sur l'autel. Ne serait-ce point de cette tapisserie coupée en plusieurs morceaux que proviennent les deux petits tapis brodés sur fond de damas blanc, qu'on remarque encore aujourd'hui dans l'église de Picquigny et que la tradition attribue à madame de Sévigné? Sur l'un, l'aiguille de cette femme célèbre a peint une visite de saint François de Sales au couvent de la Visitation; l'évêque, en entrant, donne sa bénédiction à la fondatrice, Jeanne Frémiot, baronne de Chantal, qu'accompagnent trois religieuses. Sur l'autre, qui sert d'épistolier, elle a peint l'apothéose de sa sainte aïeule (1). On retrouve dans ces intéressantes productions « l'imagination active et mobile « qui s'attache aux objets, qui les peint avec charme, » suivant les expressions de La Harpe. Probablement il faut reporter la confection de cette tapisserie à l'époque où madame de Sévigné séjourna au château de Picquigny, d'où elle date deux lettres, du 27 et du 30 avril 1689.

En 1568, un calice fut vendu par les marguilliers, du consentement des habitants, moyennant le prix de vingt-deux livres dix sols, pour fournir à la somme de cinquante-deux livres dix sols, à laquelle l'église de Picquigny avait été cotisée. Nous n'avons pas vu de quelle taxe il s'agit; mais il y a tout lieu de supposer que c'est de celle de trois mille deux cent vingt-deux livres de rente, imposée à cette époque au diocèse d'Amiens pour la Ligue (2).

La cure de Saint-Jean-Baptiste formait un bénéfice à portion congrue que payait le chapitre, gros décimateur de la paroisse. En 1730, cette portion ne s'élevait qu'à trois cents livres; le titulaire recevait en outre trente livres comme vicaire perpétuel et chapelain-né de la collégiale,

---

(1) *Bulletin Soc. Antiq. de Picardie*, t. VI, p. 260; t. VII, p. 41.
(2) *Inventaire de l'Évêché*, f° 148-r°.

pour ses assistances aux fondations obituaires, cent trente livres pour les obits et fondations dans la paroisse de Saint-Jean-Baptiste; vingt-deux sols de la baronnie, et environ cent cinquante livres de casuel. Il fallait déduire les frais de réparations du presbytère et quelques autres petites charges, ce qui réduisait son revenu annuel à six cents livres environ. En outre, et comme nous l'avons expliqué ci-dessus, le curé de la paroisse de Saint-Jean-Baptiste, à cause de la chapelle d'Ailly y réunie, en recevait, avec le vicaire, le revenu particulier.

Le curé était à la nomination du chapitre de Saint-Martin. Celui-ci nommait également les titulaires à trois des treize chapelles fondées dans le chœur. Six autres avaient pour patron le vidame, et celle sous le vocable de Notre-Dame, le seigneur de La Ferté-lès-Saint-Riquier.

Ces chapelles furent successivement fondées en l'église Saint-Martin, savoir: celle dite de Méaulte, en 1196, par Enguerran d'Encre et Marguerite de Lully, sa mère; celle de La Chaussée, en la même année, par Pierre de Sarton, chanoine d'Amiens; deux autres, en 1197 et 1201, par Enguerran de Picquigny « encore jeune d'âge » dit de La Morlière: lesquelles furent confirmées par l'évêque d'Amiens en 1215; celle de Sainte-Marguerite d'Hangest, vers 1201; une autre par Willaume de Picquigny, frère du vidame, en 1309, et une autre (probablement celle dite *du Guindal*), en la même année, par Pierre Le Féron. Nous avons dit que celle de Gouy ou de la Corbière et celle de La Ferté avaient été fondées en 1315 et 1343 (1). Nous verrons

---

(1) Voyez p. 41 ci-dessus.—Titres de Saint-Martin de Picquigny, carton 1ᵉʳ: *Déclaration des biens du chapitre*, 1717; *Invent. raisonné*, etc.; Archives départementales. — De La Morlière, loc. cit., p. 10.— *Répert. baronn.*, fᵒˢ 6 et 7.

tout-à-l'heure ce qui concerne la chapelle de Saint-Nicolas de l'hôtel-Dieu.

La chapelle dite *de Méaulte* avait pour revenu : 1° un renvoi de cinq muids (1) de blé, mesure d'Encre (Albert), à prendre sur la dîme du village; 2° un autre de trois muids de blé, mesure de Picquigny, à prendre sur la terre de Saint-Aubin; 3° la somme de vingt-cinq livres et huit septiers de blé pour rétribution d'obits: le tout évalué, en 1730, par le titulaire, deux cent quatre-vingt-sept livres. Mais ce chiffre était évidemment trop faible, et le bureau diocésain l'a élevé à quatre cents livres, en donnant au blé la valeur de trois livres dix-huit sols le septier, ou quarante-six livres seize sols le muid.—Selon le livre rouge (2), le fondateur avait donné à cette chapelle huit muids de froment, dont cinq sur la dîme de Méaulte et trois sur le champart de Saint-Aubin, plus toute la menue dîme sur l'église de Buires.

La chapelle *de Notre-Dame de la Ferté* jouissait de cent journaux environ de terre à Vauchelles-le-Quesnoy, près Abbeville, qui avaient été donnés par la dame de La Ferté, en acquit de la plus grande partie de la fondation. Ces terres produisaient, en 1730, un fermage de cinq cents livres; il n'était que de trois cents livres en 1713. Le titulaire, pendant cette période, était Jacques Thuillier, qui avait perdu la vue vers 1710, ce qui l'obligea à charger un prêtre, auquel il remettait soixante-quinze livres, d'acquitter les trois messes par semaine et autres dont la chapelle était chargée, suivant les titres de fon-

---

(1) La déclaration faite à la même époque par le curé de Méaulte porte : soixante septiers d'Albert. Ainsi, le muid était représenté par douze septiers.

(2) Voyez *Répert. baronn.*, f° 6-v°.

dation. Le premier titulaire choisi par la donatrice fut messire Firmin Le Traversier.

La chapelle *de la Corbière* jouissait du revenu de plusieurs pièces de terre labourable et d'un petit bois. Elle était possédée, en 1717, par les PP. Jésuites, du collége d'Amiens. — La chapelle *du Guindal* avait un droit de vingt deniers sur chaque bateau qui montait au pont de Picquigny, et la jouissance de dix-neuf journaux trois quarts de terre, en plusieurs pièces, sises à Saint-Sauveur, avec cinq quartiers de pré, plus d'une petite grange à Picquigny, voisine du Guindal (1). — Nous dirons plus loin le revenu des chapelles *de La Chaussée* et *de Sainte-Marguerite d'Hangest*, qui ont été réunies au chapitre. — Quant aux six autres chapelles, nommées *du Pont*, leur revenu portait sur les droits du pontenage de Picquigny, et consistait en un renvoi de quarante-huit livres, dont huit livres pour chacune.

Voici la liste des curés de Saint-Jean-Baptiste dont les noms se sont rencontrés dans nos recherches :

1° ROBERT. 1205.
2° BONNART (Simon). 1492.
3° BOUTILLIER (Jehan) 1545-1546.
4° DEVAULX (Jehan), l'ainé, et DEVAULX (Jehan), le jeune, } 1574. ayant chacun une portion de la cure de Saint-Jean-Baptiste.
5° DELAHAYE (Philippe). 1656.
6° ROHAULT (Jacques). 1657-1665.
7° LIROT (Jean), chanoine. 1670.
8° FRION (Jean-Baptiste), bachelier en théologie,

(1) On nommait *guindal* une machine placée auprès de la Somme et qui servait à aider les bateaux à monter au pont de Picquigny. (Voyez *Déclaration des biens du chapitre*, citée précédemment.)

1672. Mort le 20 août 1694, âgé de cinquante-sept ans.
9° MASSE (Charles), curé de Saint-Pierre-à-Gouy, fut commis à la cure au décès de Frion, jusqu'en septembre 1695.
10° DELAHAYE (Joseph). Octobre 1695-mai 1701.
11° DEDUN. 1701-1703.
12° CROQUISON (Jean-Philippe). 1703-1710.
13° LE COMTE (Jean), doyen de chrétienté et chanoine. 1711. Mort le 14 novembre 1738. Nous parlerons plus loin de ses talents littéraires.
14° LE ROUX (Jean-François). 1738-1753.
15° BALAVOINE (Pierre-Nicolas). 1753. Mort le 29 décembre 1785. Il fut inhumé à l'hôtel-Dieu.
16° LE VASSEUR (Pierre-Antoine). 1786. A dater du 5 septembre 1789, il modifie sa signature et retranche la particule; le 4 février 1791 il prêta serment à la constitution, avec son vicaire. On ne le voit plus paraître dans les actes après le mois d'août 1792.
17° LEDOUX. 26 décembre 1792.
18° DE BERNY, ministre du culte. En l'an VII, son interdiction fut demandée à l'occasion de diverses circonstances et spécialement de la prétendue résurrection ou apparition à La Chaussée d'une femme morte depuis quelque temps (1).

Curés depuis le concordat:

1° VILLEREZ (Ch.-Joseph). 1802 (an XI) - 1827.
2° BEAUDE (Pierre-Vulfran). 1827-1851.

(1) *Registre aux délibérations de l'administration municipale du canton de Picquigny. Archives départementales.*

3° M. GRAVAL (Paul-Éléonor-Octave), en exercice depuis le mois de septembre 1851.

Quelques mots maintenant sur la collégiale de Saint-Martin, qui, seule aujourd'hui, sert de paroisse. Debout encore au milieu des ruines du château, ce temple toujours ouvert à la prière ne semble-t-il pas nous dire que si les grands de la terre passent, si le bruit qu'ils ont fait s'éteint, si leur gloire s'efface, si leurs luxueuses habitations s'écroulent, Dieu reste immuable à toujours...

L'église de Saint-Martin venait à peine d'être bâtie, lorsque le chapitre fut fondé : c'est ce que font comprendre les termes de la charte que nous allons rappeler. Si elle conserve encore quelques parties de la construction primitive, elles sont peu nombreuses. Les historiens que nous avons cités y ont signalé aussi des traces de chacun des styles qui se sont succédés jusqu'au XVIe siècle. — En 1690, le duc de Chevreuse, exécutant la pensée du duc de Chaulnes, fit refaire deux des quatre piliers qui supportent le clocher : celui du côté de la chapelle de la Vierge et celui du côté de la chapelle de Saint-Vincent (1). C'est une crypte sous cette chapelle qui servait de sépulture aux seigneurs. Lorsqu'on y descendit en 1842, on trouva gisant par terre et bien conservés des corps arrachés en 1793 de leurs cercueils. Les plans de cette crypte ont été relevés alors et déposés aux archives de la Société des Antiquaires de Picardie (2).

On voit dans l'église Saint-Martin un tableau assez

---

(1) Voyez *Mémoire pour le chapitre*, 1702, au Recueil de pièces, n° 3814, t. II, de la Bibl. comm. d'Amiens.

(2) M. Goze, ouvrage cité, p. 22. — *Bulletin de la Société des Antiquaires de Picardie*, 1842, t. Ier, p. 215.

ancien, représentant le *Martyre de saint Vincent,* auquel on reproche le manque de perspective. — Dans le chœur, un autre tableau est une fort bonne copie de la *Descente de Croix,* de Rubens, qu'on admire au musée de Lille. C'est un don de M. Viellard, receveur des domaines, et l'œuvre de M. Lesur, son beau-père.

Deux des anciennes stalles du chœur, gracieusement décorées, ont été récemment rétablies par les soins de M. le curé-doyen.

En 1704, le chapitre fit fondre pour la collégiale, par Chapperon, d'Amiens, une cloche sur laquelle était l'image de saint Martin. Elle devait être mise d'accord en plein ton avec celle nommée *Louise.* On y employa deux anciennes cloches nommées *Anne* et *Saint-Jean l'Évangéliste.* L'un des chanoines, Ch. Ouval, se chargea d'une partie de la dépense (1). Cette cloche n'existe plus. Elle est remplacée par une autre fondue en 1806 aux frais des habitants. Comment la grosse cloche, nommée *la Vidamesse,* qui a depuis trois siècles annoncé tant de joies et tant de tristesses, a-t-elle pu, en 1793, échapper au creuset? L'inscription qui se lit autour a été citée par M. Goze (2). — Dans le clocher, on voit la chambre et le foyer, noir encore, de l'ancien *cloqueman* ou du *guetteur.*

Anciennement, il se faisait à Picquigny, le jour de la saint Martin, une procession solennelle où l'on portait la

(1) Archives de l'hospice, O. 1.
(2) Nous ferons remarquer, parce que cela peut intéresser quelque famille, que M. Goze a inexactement copié deux noms de chanoines qui y figurent. Celui du maître des enfants de chœur n'est pas Watter, mais *Vattel,* et celui du curé de Rumigny n'est pas d'Ally, mais *Dailly.* Il a d'ailleurs fait quelques légères corrections orthographiques.

châsse renfermant les reliques du saint. Il s'y pratiquait certaines cérémonies particulières dont nous n'avons trouvé, en l'absence du titre, qu'une simple mention. C'est dans l'*Inventaire* ou *Répertoire des Titres de la baronnie*, en marge de la cote A. 32, intitulée : Procession de Picquigny; inféodation par Renault de Picquigny, du mois de juillet 1313. L'intérêt de la note marginale qu'on y lit, nous engage à la rapporter textuellement : « *Nota* que ce titre
« est aussi curieux qu'important. Curieux à cause du
« sceau sain et entier des armoiries de Picquigny, où le
« seigneur Renaut est représenté à cheval, ayant son
« écusson devant lui et l'épée en l'air à la main; curieux
« encore parce que le titre fait mention qu'il y avait une
« fierte ou châsse de plusieurs reliques de saint Martin de
« Picquigny, ce qui justifie que les reliques de cette église
« ne sont point suspectes, ny de nouvelle invention; im-
« portant à cause qu'il justifie par cette inféodation des
« cérémonies qui se pratiquent à la procession de Picqui-
« gny. » Nous avons parlé au § III de cette inféodation et des charges imposées au détenteur.

L'église Saint-Martin possédait de nombreuses reliques, dont la nomenclature se lit sur un tableau appendu dans l'une des nefs latérales. Elle en a conservé quelques-unes. M. Goze a décrit trois jolis reliquaires anciens qui les renfermaient, mais que malheureusement ne possède plus aujourd'hui la paroisse. On en voit les dessins, dus au crayon de M. Duthoit, d'Amiens, dans le *Bulletin du Comité historique des Arts et Monuments* (1).

Une confrérie du Rosaire fut instituée à Picquigny, en

---

(1) Tome II, p. 218; *Notice sur les ameublements et costumes dans le département de la Somme*, par M. Duseyel. — M. Goze, *Château, église de Picquigny*, p. 23 et 24.

1781, à la suite d'une mission faite par trois prêtres du Mont-Valérien de Paris. Elle eut peu de durée, emportée qu'elle fut par la révolution qui survint presque aussitôt. Quelques documents qui en émanent, tels que registres et comptes, sont aux archives municipales.

Il existait auprès de Picquigny, vers Ailly, un prieuré simple de l'ordre de Saint-Benoît, nommé Notre-Dame-sur-le-Mont. Il dépendait de l'abbaye de Saint-Lucien de Beauvais, dont l'abbé en était patron-présentateur. Le titulaire de ce bénéfice était, en 1729, Jean de Turmenyes, prêtre, docteur de Sorbonne, demeurant à Gallardon. Il appartenait, à cette époque, au prieuré : onze journaux de terre autour de la chapelle et deux journaux de pré au-dessous, plus une petite branche de dîme sur environ cinquante journaux de terre autour de ladite chapelle, à raison de huit du cent ; enfin la dîme de Tirancourt à deux gerbes du cent. Le tout était affermé moyennant cent cinquante livres. Tel est du moins l'ensemble d'une déclaration faite au bureau diocésain. Cependant les *Notes* de D. Grenier (1) disent que ce prieuré possédait des biens à Conty, au Bosquel, à Fourdrinoy, à Fontaine, à Oissy et à Tirancourt. — Le prieur présentait aux cures de Tirancourt et d'Oissy.

Chapitre de Saint-Martin. — Précisément en l'année même de la conquête de l'Angleterre et probablement avant son départ à la suite de Guillaume, le vidame Eustache de Picquigny et ses frères Jean, archidiacre d'Amiens, et Hubert, prièrent l'évêque d'Amiens, Guy, d'envoyer en l'église Saint-Martin, fondée dans l'enceinte du château, des ecclésiastiques qui, vivant en chapitre, feraient l'office divin. La charte d'adhésion fut signée au

(1) Tome ccxiv, f° 88.

synode d'Amiens en la même année ; elle désigne les biens donnés par divers bienfaiteurs, dont l'un, l'archidiacre Jean, concède, entre autres choses, autant de terre qu'un bœuf peut en labourer en un jour *(terram in quantum pleniter jugo boum sufficere possit)* : ce qui semble indiquer qu'ici l'on se servait encore alors de bœufs pour cultiver la terre (1). On y remarque cette phrase qui montre à la fois la barbarie de l'époque et combien l'évêque était peu rassuré sur la position de ces religieux au milieu des hommes d'armes : *Et quia milites castri illius indomabiles sunt duræ cervicis, statuimus quatenus illos delinquentes auctoritate nostra feriant gladio oris et pro excessu tantum dominorum castri illius cessent ab officio Dei.* Il leur donne l'arme de la parole contre les soldats et celle de l'excommunication contre les châtelains (2).

Le chapitre était composé à l'origine de huit chanoines titulaires, auxquels on ajouta plus tard quatre chanoines vicariaux, lesquels n'avaient pas voix au chapitre. Deux de ces nouvelles prébendes, nommées l'une *de Pissy* et l'autre *de Fluy*, furent fondées en 1202 par Garin de Fluy, chevalier, père de Hubert, doyen de l'église d'Amiens, et confirmées en décembre 1264 par le pape Urbain IV. Renault de Picquigny fonda, au mois de janvier 1309, une

---

(1) D. Grenier, *Notes Mss.*, vol. ccxiv, paq. 24e-P, f° 88.—Le nom de *bovier* qui, dans certains lieux, servait à exprimer une quantité de terre, n'a pas d'autre origine ; comme en Picardie le mot *journel* (journal) exprimait aussi la quantité de terre qui pouvait être cultivée par un attelage en une journée.—On lit dans la *Chronique* de Bromton, apud *Anglic. histor. script.*, col. 957 : *bovata terræ*. Voyez aussi Du Cange, *Glossarium*.

(2) *Gallia christiana*, t. x, instrum. Eccl. Amb., col. 290.— *Répert. des Titres de la baronnie*, f° 2.

onzième prébende, qui prit les noms *de Flexicourt* et *de Vinacourt*. Enfin Gérard de Picquigny fonda, en 1237, celle qui fut depuis, à raison de son mince revenu, nommée *du quart d'autel*. — En 1283 fut créée la dignité de doyen du chapitre, et en 1303 celle de trésorier par Jean de Picquigny. On attribua au doyen un droit de dîme sur Condé et une double part dans les distributions de l'église. Dans la suite, le chapitre et le doyen firent un partage, qui fut rectifié par une transaction en 1682 (1). — Le doyen était élu par le chapitre assemblé, et confirmé par l'évêque. — En 1768, le chapitre demanda au seigneur la suppression du doyenné et l'union de ses revenus à la manse capitulaire et à la fabrique de l'église. Elles furent prononcées par l'évêque, du consentement du duc de Chaulnes, et les fonctions et prérogatives du doyenné furent dévolues à la dignité de trésorier. — Pagès a évalué à huit cents livres le revenu du doyen et à quatre cents livres celui de tous les chanoines ensemble. Mais nous allons voir que cette appréciation est erronée.

La déclaration que fit le doyen du chapitre au bureau diocésain en 1730 établit que les revenus de sa dignité consistaient en : 1° la quatrième partie des grosses dîmes inféodées, qui se percevaient sur les terroirs et dans les villages de Fluy, Fresnoy-au-Val et environ, à l'encontre du curé du lieu, de l'abbé régulier de Saint-Acheul, de l'abbé commendataire de Saint-Fuscien et des deux chanoines vicariaux du chapitre ; 2° le tiers de la grosse dîme

---

(1) D. Grenier, *Notes Mss.* citées, f°s 88 et 98. — De La Morlière, loc. cit., p. 14 et 16. — Titres du chapitre de Picquigny, *Inventaire raisonné*. — *Mémoire pour le chapitre*, cité. Le P. Daire (*Doyenné de Picquigny*, Ms., p. 6.) porte à l'année 1291 l'institution du doyenné du chapitre.

inféodée sur le terroir de Condé-lès-Folie, entre Hangest-sur-Somme et Longpré (1), à l'encontre du prieur de Saint-Pierre-à-Gouy et du commandeur d'Abbeville; 3° la jouissance d'un jardin à Picquigny ; 4° enfin, un casuel double dans les obits, pourvu qu'il y assistât. Ce qui formait un total annuel de cinq cent soixante-trois livres. — Sur quoi il devait payer au chapitre trois livres pour un obit à cause de la dîme de Condé et pour un autre obit pour le donateur du jardin, dix sols à l'église de Saint-Jean-Baptiste aussi pour un obit, et dix sols pour distribution aux pauvres de Picquigny, suivant fondation.

Quant au chapitre, il jouissait à la même époque non-seulement des revenus affectés originairement aux huit prébendes capitulaires, mais encore de ceux de la dignité de trésorier et de trois des chapelles du chœur de leur église qui avaient été réunies au chapitre.

Le revenu des huit prébendes capitulaires se composait: 1° du produit de la terre et seigneurie de Tirencourt, consistant en douze journaux de terre labourable, un droit de champart et un droit d'amende sur le terroir de Tirencourt, avec justice haute, moyenne et basse ; 2° des droits seigneuriaux casuels, censives en grains, argent et volailles, ainsi que du droit en partie des grosses dîmes inféodées sur le même terroir; 3° des droits seigneuriaux annuels et casuels, à peu près nuls, de la moitié par

---

(1) Cette partie de territoire s'appelait jadis *Faucaucourt;* c'est pourquoi on donnait ce nom à la dîme dont il s'agit. Voyez l'*Invent. raisonné*, aux Titres du chapitre de Picquigny.—Nous retrouvons ce terroir de *Faucaucourt* dans une donation de cens faite à l'abbaye du Gard par Willaume de Bougainville, en 1249; et *Fulcolcurt* dans une charte de la même abbaye, *circa* 1100.—*Cartulaire du Gard*, t. 1er, p. 182, et t. II, p. 127.

indivis de la terre et seigneurie du village de Cardonnette; 4° des mêmes droits sur certaines masures, terres et prés au terroir de Picquigny; 5° des droits de grosse dîme inféodée et novale, de menue et mixte dîmes, sur le même terroir; 6° des droits de grosse dîme inféodée sur partie du terroir de Belloy-sur-Somme et sur celui de Saint-Vast; 7° du droit en partie des grosses dîmes inféodées au terroir de Quevauvillers; 8° du droit de grosse, menue et mixte dîmes aux villages et terroirs de Talmas et Grattepanche; 9° du droit en partie de grosse dîme inféodée, de la menue et mixte, aux villages et terroirs de Cléry, Prouzel, Rumigny et Fourdrinoy; 10° du droit des menue et mixte dîmes au village d'Oissy; 11° d'un renvoi de dix-huit septiers de blé, mesure d'Amiens, dû par l'évêché d'Amiens à cause de son abbaye de Saint-Martin-aux-Jumeaux, en échange d'un droit de dîme qu'avait le chapitre de Picquigny sur le terroir d'Oissy; 12° d'un renvoi de cent quarante-huit septiers de blé et cent trente-deux septiers d'avoine, dû par l'abbaye du Gard; 13° d'un renvoi de cent soixante-quinze septiers de blé, à prendre sur le moulin de Picquigny; 14° d'un autre de deux cent trente septiers de blé, mesure d'Amiens, à prendre sur les terres du fief de Bonneville; 15° d'un autre de douze septiers de blé et autant d'avoine, mesure d'Amiens, sur la ferme de Saint-Nicolas de Reigny; 16° du produit de deux journaux et demi de terre à labour au terroir de Breilly, de dix-sept journaux et demi au terroir de Folie-Condé, de trente journaux au terroir de Vinacourt, de douze journaux de terre et soixante verges d'aire en deux pièces, un journal et demi de pré en deux pièces, le tout au terroir de Picquigny; 17° de la location de deux granges et de trois maisons à Picquigny; 18° d'un droit de vingt deniers à prendre sur chacun des bateaux qui montaient au pont de Picquigny. Ce qui était évalué en total à cinq mille cinq cent quatre-vingt-cinq livres quatorze sols.

Les charges qui pesaient sur le chapitre consistaient dans les portions congrues des cures de Picquigny et de Talmas, la rétribution du vicaire de Picquigny, celle des deux chanoines vicariaux (1) et des trois chapelains de l'église collégiale, pour leur assistance aux obits; les appointements du maître des enfants de chœur, de l'organiste, du sacristain, du chambellan de l'église, des officiers de justice des seigneuries du chapitre; l'entretien de six enfants de chœur, le prix de la cire, de l'huile de la lampe du chœur et des chandelles, du pain et du vin pour les saints mystères; l'entretien et le blanchissage des linges; enfin les réparations des maisons et granges du chapitre, des églises de Saint-Martin et de Saint-Jean-Baptiste de Picquigny, et de celle de Talmas où le chapitre était gros décimateur. Ce qui formait un total de deux mille huit cent vingt-sept livres quatre sols, et réduisait le revenu net à deux mille sept cent cinquante-huit livres dix sols (2).

Le revenu de la dignité de trésorier consistait principalement dans le produit d'un demi-droit de champart sur

---

(1) Il semble qu'il n'existait plus alors que deux des quatre prébendes vicariales. Cependant, en la déclaration de 1717, elles figurent encore toutes.

(2) Ce document et quelques autres ci-après font partie d'un travail d'ensemble que nous préparons sur la nature et l'importance des revenus de toutes les paroisses et communautés religieuses du diocèse d'Amiens. — Nous faisons ici appel aux détenteurs de documents de cette nature, dans l'intérêt de l'histoire religieuse de la Picardie.

plusieurs pièces de terre au terroir de la ferme de Gournay, de quatre pièces de terre et d'un petit bois au même terroir : le tout affermé quatre-vingt-dix-neuf livres. Il avait aussi une partie des oblations et du luminaire (1).

Deux des canonicats vicariaux jouissaient chacun d'une gerbe de dîme sur le terroir de Pissy, d'une portion de dîme sur celui de Fluy et d'une autre petite dîme sur celui de Quevauvillers; lesquelles étaient affermées quatre cent huit livres. La prébende dite de Vinacourt et de Flixecourt recevait autrefois vingt-quatre livres, et trente-sept livres dix sols en 1717, sur le travers desdits lieux; celle du quart d'autel recevait originairement vingt livres sur les revenus des ponts de Picquigny et d'Ailly; en 1648, elle touchait trente-six livres. Le produit de ces deux dernières prébendes était fort minime, mais on y réunit en 1713 celui de la chapelle dite de La Chaussée, que l'évêque venait d'éteindre, et qui percevait le huitième du droit des grosse, menue et mixte dîmes au village et sur le terroir de La Chaussée, et un autre droit de dîme au terroir de Briquemesnil: affermés en 1730 moyennant cent soixante-neuf livres dix sols, sans charges (2). — A cette dernière époque, la chapelle dite de Sainte-Marguerite d'Hangest était aussi réunie au chapitre. Elle jouissait de quarante-huit journaux de terre labourable à Hangest et recevait deux chapons et demi de cens sur une maison à Picquigny. Le fermage de la terre ne s'élevait-il qu'à quatre-vingt-dix livres, comme le porte la déclaration au bureau diocésain? Cela nous paraît douteux.

Le trésorier du chapitre avait la garde des vases et

---

(1) Titres du chapitre de Picquigny: *Inventaire raisonné*, art. 14.

(2) Archives de l'hospice de Picquigny, C. 1.—*Déclaration des biens du chapitre*, 1717; Titres du chapitre.

ornements sacrés. Il était à la nomination du vidame. Cependant l'évêque s'ingéra dans ce droit après la réunion du doyenné et un procès s'en suivit en 1777. — Le trésorier présentait le *cloqueman* au chapitre.

En 1246, le légat du Saint-Siége, Odo de Trésali, avait donné au chapitre un règlement qui fut révisé sans doute en 1300, dans une assemblée capitulaire que présida Jean de Picquigny (1).

ABBAYE DU GARD. — Nous avons vu qu'on doit à Gérard de Picquigny la fondation, en 1139, de l'abbaye du Gard, à deux kilomètres environ de Picquigny. Elle était de l'ordre de Citeaux, affiliation de Clairvaux, et dédiée à Sainte-Marie. Le vidame donna l'emplacement de l'abbaye, toute la seigneurie de Croy, mille huit cents anguilles à prendre sur le produit de l'écluse d'Hangest et l'usage *(usuariam)* sur toute sa terre, plus deux charrues *(carrucatas)* de terre à la Vicogne. Après la mort de sa femme, dit la charte, c'est-à-dire après l'année 1144, conjointement avec son fils Guermond, il ajouta à ces dons tous ses droits dans le bois du Gard et une troisième charrue de terre au même lieu. Les évêques d'Amiens, Thierry en 1160 et Richard en 1206, approuvèrent les diverses donations qui avaient été faites à l'abbaye et spécialement celles du fondateur (2).

Ses successeurs firent, comme lui, pleuvoir leurs lar-

---

(1) *Inventaire raisonné des titres.* — De Court, t. II, p. 810.

(2) Pagès, Ms., t. III, p. 152. — *Cartulaire du Gard,* t. 1er, p. 54, 55; t. II, p. 125. — L'expression une *charrue* ou *carruée* de terre, est analogue à celle de bovier et de journel (voyez ci-dessus, p. 102) : c'est la quantité qu'avec une charrue il est possible de cultiver chaque année. La dernière charte citée le dit en ces termes : *tantum terre quantum labori quatuor carrucarum sufficere possit.*

gessés sur le couvent. On trouve même une charte de Enguerran du mois de mai 1213 (1) qui, en les autorisant formellement à l'avance, provoque en quelque sorte les dons de ses sujets paysans, bourgeois et chevaliers *(hominum meorum, videlicet militum, vavassorum, seu aliorum tam rusticorum quam burgensium)*.

Nous avons rappelé le curieux accord fait en 1313 entre les religieux et Renault de Picquigny. En 1385, le 12 juillet, Marguerite de Picquigny et son fils Bauduin d'Ailly consentirent, au profit de l'abbaye, l'amortissement d'un petit fief nommé de Tilloloi, au terroir de Valerreux (2), maintenant Valheureux, à la charge d'un obit pour chacun d'eux.—Parmi les obligations imposées aux religieux par leurs bienfaiteurs, était celle de sortir avec croix et bannière au-devant du vidame la première fois qu'il se rendait au Gard (3).

Malgré qu'ils fussent les obligés des vidames d'Amiens, les moines du Gard n'en défendaient pas moins avec soin et ardeur contre eux leurs droits et privilèges. On voit, en effet, des difficultés s'élever entre eux et Raoul de Raineval et Marguerite de Picquigny, à l'occasion de plusieurs méfaits commis en des lieux qui relevaient de la justice des religieux, et des sentences du bailli d'Amiens, de l'an

---

(1) *Cartulaire du Gard*, t. 1er, p. 28.

(2) Le nom de cette ferme se présente sous ces différentes formes : *Valerreus* (chartes de 1173, 1310 et 1385); *Valerros* (charte circâ 1154); *Valerroz* (charte 1155); et en latin : *Vallis edere* (charte 1160); *Vallis erroris* (charte circâ 1160 et charte 1206); *Vallis hederosa* (charte 1162). Voyez *Cartulaire du Gard*, t. 1er, p. 13; t. II, p. 129, 415, 417, 419, 420, 435 et 443.

(3) *Cartulaire du Gard*, t. II, p. 442.—Pagès, t. III, p. 152.—De La Morlière, ouvrage cité, p. 9.—D. Grenier, Ms., loc. cit., f° 98.

1371, leur donner raison contre le vidame. Parmi les méfaits en question, nous avons remarqué ceux-ci : « Freman le Bateur, homme et tenant des religieux à Croy, avoit donné une clacque à une femme; » — Jehan Moulier « avoit sacquié sen coutel sur dampt Jehan de Doullens, prestre et moisne; » — un valet de l'abbé du Lieu-Dieu « qui chevauchoit sus un queval, lequel appartenoit audit abbé, avoit navré un homme d'Abbeville entre Hangest et Lonpré, etc. » (1).

Nous n'entrerons pas plus avant dans l'histoire de cette abbaye, parce qu'elle excèderait les limites de notre cadre. Elle mérite du reste une notice particulière, dont les matériaux existent. Nous noterons seulement ces deux faits : l'un des abbés du Gard, Robert, deuxième du nom, mort en 1300, fut frappé de cette horrible maladie qui rendait l'homme un objet d'horreur pour ses semblables. Son épitaphe qu'on lisait à l'entrée du chœur était ainsi conçue :

R. Vir famosus, primo abbas, deinde leprosus,
 Mortuus in Christo, tumulo sepelitur.
 Fuit in monasterio Daniel, Noe fuit abbas,
 Job fuit in morbo, modo Lazarus in paradiso (2).

Un autre abbé, Nicolas, convaincu d'intelligences avec Charles-le-Mauvais, roi de Navarre, qui avait tenté de

(1) *Cartulaire du Gard*, t. 1er, p. 129, 133 et 134.

(2) « L'homme remarquable qui repose sous cette pierre, Robert, fut abbé, puis lépreux et mourut en Jésus-Christ. Religieux, ce fut un Daniel; abbé, ce fut un Noé; malade, ce fut un Job; maintenant, comme Lazare, il est au ciel. » (*Gallia christiana*, t. x, col. 1333.) — Ce genre d'épitaphe n'était point rare alors; nous en avons donné ailleurs un exemple (*Gamaches et ses Seigneurs*, p. 73). On en peut voir un autre dans l'ouvrage de M. de La Planc, intitulé : *Les abbés de Saint-Bertin*, t. 1er, p. 226.

s'emparer d'Amiens, fut décapité au mois de septembre 1358, avec le capitaine de la ville, Jacques de Saint-Fuscien; et dix-sept bourgeois furent pendus (1).

On sait que, depuis la révolution, les bâtiments de l'abbaye furent occupés par des Trappistes, auxquels ont succédé vers 1845 des Maristes. Depuis 1856, M. l'abbé de Jenlis y a fondé un orphelinat pour les garçons. Cet établissement, d'une excellente tenue, est plein d'avenir.

XI

ÉTABLISSEMENTS DE BIENFAISANCE:
HÔPITAL; — LÉPROSERIE; — CONFRÉRIE DE LA MISÉRICORDE; ÉCOLES GRATUITES.

La piété et la libéralité des barons de Picquigny sont connues et ont à peine besoin d'être rappelées; elles s'exprimèrent par une foule de dons et par des fondations religieuses ou charitables. Mais l'union de ces deux qualités ne fut pas le partage exclusif des grands: nous allons la retrouver avec ses fruits dans les autres classes de la société, en donnant ici quelques détails sur les établissements de charité de Picquigny. Nous suivrons leur ordre chronologique.

HÔPITAL. — Son établissement remonte à l'année 1133, et par conséquent au temps de Guermond, qui dut en être le premier bienfaiteur. Le 6 des nones de février de ladite année, le pape Innocent II confirmait cet établissement et

---

(1) P. Daire, *Doyenné de Picquigny*, Ms., p. 17; et *Histoire d'Amiens*, t. 1er, p. 221. — Continuateur de Nangis, chronique.

lui donnait des lettres de protection datées de Lyon, l'an trois de son pontificat. Il les renouvela plus tard aux nones d'avril de la quinzième année de son pontificat (1).

Nous n'avons pu retrouver jusqu'au siècle suivant les traces des dons nombreux sans doute qui furent faits à l'hôpital, et des statuts et premiers actes de son administration.

Le vidame Enguerran y fonda, en 1205, une chapelle, en s'en conservant le patronat et la présentation du chapelain. Il assigna à celui-ci *(ad sustentationem suam)* dix livres parisis, à prendre sur son four et son moulin de Picquigny. — En 1215, pour mettre fin à de longues difficultés *(cum... diutiùs questio verteretur)* soulevées entre l'hôpital et les chanoines de Saint-Martin, il abandonna à ceux-ci les droits de patronat et de présentation et fit souscrire les deux parties aux conditions suivantes : le bénéfice de ladite chapelle, celui de la cure de Saint-Martin et celui de la cure de Saint-Jean-Baptiste de Picquigny seront mis en commun et partagés par tiers ; — le chapelain jurera, lors de son installation, de ne retenir ni faire sienne aucune des oblations, et de ne célébrer la messe dans la chapelle hospitalière qu'après la lecture de l'évangile en l'église Saint-Jean-Baptiste ; — le service sacerdotal sera fait alternativement dans ladite chapelle et dans les deux églises, par chacun des trois bénéficiers pendant une semaine ; — dans le cas où l'hôpital viendrait à être ruiné ou anéanti, la chapelle sera transférée et desservie en l'église Saint-Martin jusqu'à son rétablissement.

(1) Ces lettres sont adressées au maître et aux frères du lieu : *magistro et fratribus, rectori et fratribus.* Archives de l'hospice de Picquigny ; A. 1.

De nouveaux débats amenèrent une nouvelle transaction au mois de septembre 1278, entre le chapitre de Saint-Martin et le maître, les frères et sœurs de l'hôpital et les échevins de Picquigny.

Des lettres de l'official d'Amiens du mois de novembre 1267 constatent que Mathilde de Yseu, veuve de Hugue de Saint-Pierre, aumôna l'hôpital de quatre journaux de terre, sis au terroir de Guignemicourt *(in territorio de Gamegnicourt)*, au lieu dit le Quesnel *(Kaisneele)*. — Vers 1736, Colonne du Lac légua à l'hôtel-Dieu une somme de trois mille livres. — Les libéralités à son profit n'ont pas tari depuis la révolution. Voici les noms des nouveaux bienfaiteurs que nous avons remarqués : en 1832, la veuve Laurendeau fonda deux lits par son testament ; — en 1833, Mme Walbin : en 1837, M. Leger de Berny, ancien chanoine : en 1847, l'administration du chemin de fer de Boulogne : et en 1849, Mlle Prophette faisaient des dons en argent (1).

Les biens de l'hospice furent unis à l'ordre de Saint-Lazare et de Notre-Dame du Mont-Carmel, en vertu d'une mesure générale constatée par un édit du roi Louis XIV, daté du mois de décembre 1672. Il en est resté trace aux archives du lieu. C'est un procès-verbal de prise de possession de la maladrerie de Saint-Sauveur, dressé le 20 juillet 1673, à la requête du grand-vicaire général du commandeur et des chevaliers de l'ordre de Notre-Dame du Mont-Carmel. Il constate qu'il n'existait plus aucun vestige des murailles « abollyes par le fait des guerres » et que les biens de la maladrerie consistaient seulement en cinq journaux de terre en trois pièces.

Bientôt un autre édit du mois de mars 1693 révoqua

(1) Titres de l'hospice, D. 6 et 20.

le premier et un arrêt du conseil privé du roi, daté du 13 juillet 1695, rétablit l'hospitalité dans l'hôtel-Dieu de Picquigny et y unit les biens et les revenus de la maladrerie du lieu (dite *de Temfol*), des maladreries de Molliens-le-Vidame, Flichecourt *(sic)*, Vinacourt, Saint-Sauveur Fourdrinoy et le Quesnoy (1).

En conséquence de cet arrêt, les habitants de Picquigny assemblés le 28 octobre 1695 adressèrent à M. le duc de Chaulnes une requête tendant à ce qu'il voulût bien être administrateur perpétuel de l'hospice, et nommèrent pour administrateurs triennaux le doyen du chapitre, l'un des chanoines et M. Delahaye, curé de Picquigny. — Le 12 avril de l'année suivante, le duc établit de son autorité une régie d'administration composée de trois ecclésiastiques : le doyen et le trésorier du chapitre, le curé ; et de trois laïques : le bailli, le procureur fiscal et le receveur. Cette forme d'administration dura jusqu'à la déclaration du roi du 12 décembre 1698 qui établit que le bureau de direction des hôpitaux serait composé du curé, du premier officier de la justice du lieu (le bailli), du procureur au siége ou seigneurial, du maire et de l'un des échevins.

Après avoir été administré par des frères, l'hospice le fut par les échevins. Cependant cette administration leur fut contestée à diverses reprises aux xve, xvie et xviie siècles. Mais ils y furent maintenus par sentences du bailli de Picquigny en 1477, du bailli d'Amiens en 1622 et 1642, et par arrêt de la chambre royale en 1675. Du reste, le pouillé du diocèse, dressé vers 1692, dit que cette église était alors très-mal administrée par les échevins (2).

(1) Archives de l'hospice de Picquigny, iv. B. 1.
(2) *Pouillé*, Ms., Bibl. d'Amiens, n° 514. — Archives de l'hospice de Picquigny, ii. A. 1 ; E. 1.

L'union qu'avait opérée l'arrêt de 1695 a cessé par suite de la disjonction qui a été prononcée, en 1850, en faveur des bureaux de bienfaisance de Flixecourt, Molliens-Vidame et Vignacourt.

Un inventaire du 9 juin 1734 nous a conservé les noms de deux sœurs hospitalières : Rose-Blanche et Marie-Caroline de Bassecourt. Nous les livrons à la mémoire des habitants de Picquigny, reconnaissants du vertueux dévoûment de ces saintes filles et de leurs sœurs oubliées.

La chapelle de l'hôpital est dédiée à Saint-Nicolas. C'est une construction ogivale du XVIe siècle, greffée sur une autre beaucoup plus ancienne, celle sans doute bâtie au commencement du XIIIe siècle par le vidame Enguerran. L'écu de Melun qu'on remarque à la corniche, uni à celui d'Ailly, indique que cette chapelle est due à Antoine d'Ailly et à sa femme Marguerite de Melun. Il y reste quelques rares débris de vitraux de couleur. Dans un panneau d'une fenêtre à droite de l'abside, on distingue saint Nicolas, en habits pontificaux. Auprès de lui est l'emblème ordinaire : un baquet ; et à ses genoux une femme, probablement la donatrice de la verrière, dont on a maladroitement remplacé la tête par une fleur.

Plusieurs noms de chapelains de l'hôtel-Dieu ont échappé à l'oubli. Nous les consignons ici :

I. Leclercq (Jehan), Ayant 1530.
II. Morel (Martin), maître ès-arts. 1530 (1).
III. Petit (Jehan). 1554-1558. Sa signature a pour paraphe une tige, à l'extrémité de laquelle s'épanouit une fleur.
IV. Jacob (Jehan). 1574-1596.

(1) *Titres de la collégiale*, carton deuxième ; Archives départ.

V. Boutepoir (François). 1598-1605.
VI. Meigneu, curé de Havernas et de Vraignes. 1610.
VII. Aux Couteaulx. 1613.
VIII. De Collemont (Laurent). 1683-1686.

Autrefois, le dimanche, on célébrait une messe basse et on donnait l'eau bénite en la chapelle de l'hôpital; mais au commencement du xviii⁰ siècle ces actes religieux avaient été transférés au mardi.

En 1702, sur la demande du curé de Picquigny et des autres administrateurs de l'hôtel-Dieu, Mᵣ l'évêque d'Amiens ordonna que la messe qui était célébrée chaque semaine à Vinacourt et celle qui l'était à Flixecourt pour le repos des bienfaiteurs des maladreries desdits lieux seraient transportées et dites à l'hôtel-Dieu de Picquigny, auquel ces maladreries avaient été réunies (1), Il en fixa la taxe à dix sols, sans que le vicaire fut obligé de contribuer au vin, au luminaire ni aux ornements.

Les bâtiments de l'hospice qui existent actuellement furent construits vers 1700. Les devis et plans en avaient été dressés et approuvés en 1697 et 1698.

Il existe divers inventaires des archives de l'hospice. Nous donnerons plus loin un extrait du plus récent, rédigé en 1859.

Lorsqu'en vertu d'un décret impérial du 6 août 1808 un *dépôt de mendicité* fut créé à Amiens, l'hospice de

---

(1) La maladrerie de Flixecourt avait été fondée en 1205 par le mayeur et les échevins du lieu. Ils firent construire un petit bâtiment (*dominicula*) pour le logement pendant une nuit des lépreux voyageurs, et pour l'habitation de ceux de la localité qui voudraient s'y retirer (*in illa dominicula, quandiù vixerit, degere si voluerit*). La séquestration n'était donc pas obligatoire alors.

Picquigny fut taxé à quatre cent vingt-quatre francs trente-quatre centimes, payables par quart, dans la répartition des trente mille francs imposés aux hospices du département, pour frais de premier établissement de ce dépôt (1).

LÉPROSERIE DE TEMFOL. — La lèpre, cette hideuse et redoutée maladie qui frappa tant de victimes à la suite des croisades et pendant tout le cours du moyen-âge, avait excité la compassion, la charité du vidame Gérard. Il fonda tout près de Picquigny, dans un vallon nommé alors *Toufol* ou *Tanfol*, et maintenant *Temfol* (2), une maison de lépreux, dirigée selon les statuts des frères de Bugni (3). Il la dota de deux muids de blé, à la mesure de Picquigny (4), à prendre chaque année sur les cens des

(1) Titres de l'hospice, G. 1.

(2) On trouve : Toufol et Touffol (XIIIᵉ siècle) ; Tanfol (XIIIᵉ, XIVᵉ, XVIᵉ, XVIIᵉ et XVIIIᵉ siècles) ; Tenfol (XVIᵉ siècle) ; Tanffo et Tamfo (XVIᵉ siècle) ; Tamfol (XVIᵉ et XVIIᵉ siècles) ; enfin Temfol (XVIIᵉ et XVIIIᵉ siècles). — Voyez *Cartulaire du Gard*, t. 1ᵉʳ, p. 79, pièce 45ᵉ. — Archives de l'hospice de Picquigny, II. A. 1 ; — B. 3 et 5 ; — II. B. 1 et 2 ; — II. C. 1 ; — E. 1 ; — II. E. 1. etc. — Dans ce §, comme nous l'avons fait généralement dans cette notice, nous écrirons les noms d'une manière variable et tels qu'ils se présenteront dans le titre analysé.

(3) Archives de l'hospice de Picquigny, II. A. 1. — Il s'agit sans doute ici de la maladrerie connue depuis sous le nom du *Val aux Lépreux*, qu'avaient fondée des bourgeois d'Abbeville, auprès du village de Laviers, dans le vallon de Buigny. (M. Louandre, *Histoire d'Abbeville*, t. II, p. 503.) — Est-ce le même lieu que le roi Louis-le-Jeune donna en 1154 aux chevaliers de Saint-Lazare ? (Labourt, *Recherches sur les maladreries*, p. 11.)

(4) Le muid de Picquigny se composait de vingt-quatre septiers, mesure du lieu, ou de vingt-sept, mesure d'Amiens ; huit septiers de Picquigny en faisant neuf d'Amiens. (Voyez note en une procédure contre M. de Saveuse, vers 1601, aux Arch. de l'hospice, B. 12.)

moulins dudit lieu, et de douze deniers à prendre tous les dimanches et à perpétuité sur les revenus (le péage) du pont de Picquigny.

À son imitation, son petit-fils Gérard fit don du champart de la terre de Faiel, située entre Briquemaisnil et Saisseval, auprès de la route d'Amiens, en 1190. — De son côté, Enguerran confirma ces dons en l'année 1205 et y ajouta : 1° mille harengs et six mines de sel, à prendre tous les ans, le dimanche de la quadragésime, sur les mêmes produits du pont de Picquigny ; 2° une partie de bois située sur le côteau de Hameri *(in descensu de Hameri)*, entre le val de Fourdrinoy et le chemin qui mène directement de la porte de Tanfol par les petits champs *(per campillos)* à Pombœf ; 3° quatre journaux de marais sur la rive de la Somme, au-dessous du prieuré de Gouy *(subter prioratum de Goi)*, entre le Gard et le pré des moines de Gouy. D'un commun accord avec Dreux de Sessolieu *(Drogo de Sessoliu)*, il leur avait donné, en 1199, le franc-moudre pour leur blé, immédiatement après le premier engrainé dans les deux grands moulins de Picquigny, à la charge de payer aux meuniers le tiers seulement des droits de mouture *(tertiam partem emolumenti, quod ad ipsos spectat)*. Il fonda enfin à Tanfol une chapelle, dont il donna le personat et la collation à l'abbé du Gard. Il assura au chapelain trois muids de froment à prendre sur son droit de sestelage à Amiens, trois autres et vingt chapons à prendre sur les cens de Molliens, deux mines de sel sur la rive de Picquigny et cinq cents harengs à prendre le premier dimanche de carême. — D'autres dons furent encore faits aux lépreux, à savoir : par le même Dreux de Sessolieu, deux cents harengs à prendre au commencement du carême sur son revenu du pont de

Picquigny ; — par Pierre de Riencourt, un muid de blé moitié froment et moitié orge, à prendre à la saint Remi dans sa grange de Fourdrinoy *(in grangia sua de Fordinoi)*; — par Garin de Belloy, deux arpents de marais formant, avec les quatre donnés par Enguerran, un seul pré qui serait entouré de fossés ; — et par Hugues Le Sénéchal, cinq chapons sur les cens annuels de Molliens. Le tout est constaté par la même charte qui contient les dons d'Enguerran (1).

L'élan était donné : la fortune de la léproserie de Temfol ne pouvait que s'accroître. Sans vouloir en rechercher et suivre pas à pas la marche, nous rappellerons encore les dons constatés par deux ou trois chartes conservées aux archives de l'hospice de Picquigny. Une charte confirmative du même vidame Enguerran, datée du mois de février 1208, constate que Enguerran, chevalier d'Oiscy, aumôna les lépreux des deux tiers de ce qu'il possédait en terre et en terrage au terroir de Roemont, tant pour fournir à leur boisson qu'à leur alimentation *(pitantiam)* les jours de fête. Ne devaient-ils pas, eux aussi les malheureux que les hommes fuient et repoussent, avoir leurs jours de récréation ? — Suivant une autre charte du mois de décembre 1214, Enguerran de Picquigny confirma le don qu'il avait fait aux lépreux de six arpents de pré situés à côté de la fontaine Sainte-Marie, tant à titre de restitution de la maison de lépreux de Clairy, qu'en échange de la maison de Bartholomé, le boulanger, et pour autres causes; et aussi le don fait par Garin de Bougainville, de l'assentiment de son frère Robert, son héritier présomptif, d'un demi-muid de froment à prendre dans sa grange, chaque année, au jour de la saint Remi. — En 1234, c'est un

---

(1) *Répertoire de la baronnie de Picquigny*, f° 2-v° et suivants.

simple serviteur du vidame, Renault Carpentier, qui donne aux lépreux un muid de blé qu'il tenait de la générosité d'Enguerran, à prendre sur le moulin d'Hangest.

En septembre 1237, le vidame Gérard confirma à l'abbaye du Gard la donation qui lui avait été faite, en 1205, de la chapelle de Touffol, laquelle était dédiée à saint Étienne (1).

Les malades furent d'abord nombreux sans doute, et ce n'était pas trop des dons qui leur furent faits; mais deux siècles plus tard ce n'était plus qu'accidentellement que des lépreux étaient enfermés à Temfol. Nous signalerons deux cas qui se présentèrent et donnèrent lieu à des enquêtes parvenues jusqu'à nous. En 1442, un habitant de Picquigny, âgé de trente-six ans, se voyant l'objet de la répulsion des autres habitants qui, dans la pensée qu'il était atteint de la lèpre, ne voulaient ni converser avec lui, ni le fréquenter, se présenta devant le maire et les échevins de la ville d'Amiens pour qu'ils le fissent visiter. L'inspection ayant été faite dans la maladrerie de Saint-Ladre-lès-Amiens par un collège de lépreux des deux sexes, « demourant aux maladiaux de Rivery lez ladite « ville d'Amiens, » il fut démontré « que icelui Willaume « étoit malade et entéchié d'icelle maladie de leppre. »

Cinquante ans après, en 1492, c'était le curé du lieu, Simon Bonnart, que plusieurs habitants soupçonnaient être atteint de la lèpre. Les échevins de Picquigny le firent visiter, non plus cette fois par des lépreux, mais par « maistre Guy Chepin, bachelier en médechine, Jehan de « Willermez, Jehan Machue, Fremin du Praiel et Robert « Taslon, cirurgiens et barbiers, tous demeurans en la

---

(1) *Cartulaire du Gard*, t. 1ᵉʳ, p. 79.— *Inventaire du Gard*, fᵒ 16-rᵒ.

« ville d'Amiens. » (1). Il fut reconnu « que ledit sire
« Simon Bonnart ne estoit... entechié de lad. maladie de
« leppre et qu'il en estoit sain et net. » (2).

Nous retrouvons un lépreux en 1515. Son entrée à
Temfol fut précédée d'un traité entre lui et les échevins,
fait devant les hommes de fief de la baronnie et dont
quelques passages méritent d'être consignés ici. Les échevins lui accordent « une provision annuelle de vingt-huit
« livres, monnoie courant, vingt sols tournois pour cha-
« cune livre, et de ung sestier de sel... plus une fois pour
« tout une demi-corde de bois, demi-cent de fagots, ung
« sestier de blé et trois aulnes de drap pour commenche-
« ment d'une *houche* (3) et manteau. » Ces derniers objets
furent stipulés livrables « incontinent que son service et
« obséques funérail sera fait, dit et célébré en la manière
« en tel cas introduite. » Ce lépreux fut tenu de résider à
Temfol et y « user sa vie comme hors de la communaulté
« et conversation des habitans... Par lequel traictié et
« accord led. lépreulx ne pourra aller soy mendier ne
« querir et demander son victuaille avant le monde, en
« quelque lieu que ce soit, sans le gré, congié ou licence
« desd. eschevins et habitans de Pinquegny.... et sera
« loisible audit lépreulx ou à ses hoirs de remporter le lict
« et autres extensilles qu'il emportera ou aura emporté
« en ladite maladrerie pour son usaige... » (4).

(1) Vers 1270, un ban ou ordonnance municipale défendait aux barbiers de Douay de faire aucune saignée : « que uns barbyers ne « s'entremette de singnie, sous le fourfait de XL sols... » (Voyez *Recueil d'Actes du XIIIe siècle*, par M. Tailliar, p. 310.)

(2) Archives de l'hospice, B. 9.
(3) Sorte de robe longue.
(4) Archives de l'hospice, II. E. 1.

En 1510, les habitants de La Chaussée prétendirent faire admettre dans la léproserie de Temfol une femme de leur village entachée de lèpre, soutenant qu'ils étaient « tout « ung et d'une même fermeté. » Mais les habitants de Picquigny répondirent que leur ville était séparée de La Chaussée par des fortifications et un boulevart et par la rivière de Somme; que La Chaussée était de la prévôté de Beauquesne et du doyenné de Liercourt; qu'il y avait échevinage particulier; que les habitants de La Chaussée n'étaient point tenus de la garde des portes de Picquigny, qu'ils ne jouissaient pas non plus des priviléges accordés à la ville; que s'ils avaient un marais commun, ils en possédaient d'autres séparément et aussi « diverses herdes « (troupeaux) et divers herdiers (bergers) qui étoient chas- « cun à part... ; » qu'enfin La Chaussée avait eu sa maladrerie, autrefois située sur une pièce de terre « au « dehors du villaige de Le Cauchie, du costé vers la porte « qui maisne à Vinacourt, à Abbeville et ailleurs, lequel « lieu.... estoit rond, atouré de riddeaux...; » enfin que cette terre avait toujours été nommée « le maladrerie de « Le Cauchie. » — Une sentence de Anthoine de Saint-Deliz, lieutenant-général au bailliage d'Amiens, en date du dernier jour de juin 1511, ordonna que « par mesure de « provision et sans préjudicier aux drois, faiz, raisons « et moyens d'icelles parties, les échevins de Pinquegny « et habitans de Le Cauchie seront tenus faire construire... « à leurs dépens communs, une maison pour la demeure « de ladite... lépreuse... sur une portion de terre d'icelle « maladerie de Tanffo, respondant sur le grand chemin « quy mayne de le ville d'Amiens à Araines, au lieu le « plus convenable.... » (1).

(1) Archives de l'hospice, II. B. 2.

Pendant le cours du xvi⁰ siècle, c'est-à-dire en 1549, 1575 et 1590, les administrateurs de la maladrerie, « combien quilz ne fussent tenuz loger ne nourrir que les « lépreux natifz de laditte ville et de la fondation, » furent condamnés par les commissaires du grand aumônier de France ou de la charité chrétienne à recevoir, nourrir et entretenir des lépreux étrangers, parce qu'il ne se trouvait pas à Temfol d'habitants du lieu et qu'il y avait logement suffisant (1).

Lorsque les maladreries et léproseries devinrent inutiles par l'extinction totale de l'affreuse maladie qui les avait fait créer, partout les bâtiments qui devaient abriter les malades et la chapelle où ils avaient prié furent négligés et tombèrent en ruines, et les municipalités s'appliquèrent les revenus des biens. D'un autre côté, on inventa une sorte de pensionnaire, lépreux ou non, qui se nommait *solliciteur,* et auquel le grand aumônier de France assignait des sommes à recevoir sur telle et telle maladrerie (2).

Temfol devint alors une cense (métairie) que les échevins affermaient en 1579, à la charge, entre autres, de rétablir les bâtiments et la chapelle, et de payer « le jour sainct « Estienne, troisiesme d'aoust, deux escus solz pour le « diner desdicts eschevins qui visiteront ladicte cense, « ensemble ledict hostel-Dieu... » (3).

L'administration de la léproserie de Temfol avait été confiée d'abord à une confrérie, sous la direction d'un chef

---

(1) Archives de l'hospice, II. B. 1.
(2) *Ibid.*, II. B. 1 ; B. 9.
(3) *Ibid.*, B. 5. — Voyez sur ces repas en commun considérés comme moyen de développer et d'entretenir les sentiments d'union et de confraternité, M. Bouthors (*Coutumes locales du bailliage,* t. 1ᵉʳ, p. 5 et suivantes).

appelé *maître* (magister). On voit en effet « l'an de l'Incar-
« nation Nostre-Seigneur mil et co. soissante dis et set,
« el mois de mai le jour de l'Ascention, li maistres et li
« frère et tout li couvent de le maladerie de Pinkegni,
« que on apelo Tanfol, » accenser neuf journaux de terre
« séant el terroir de Floiscicourt, tout en une pieche que
« on apele le Vakerie, » moyennant un cens annuel de
« vint et set raseux de blé, quatre deniers desous le
« melleur blé au jour de le saint Remi et a le mesure de
« Pinkegni. » (1). Plus tard, quand la commune fut constituée, cette administration passa aux échevins.

A diverses reprises, et notamment en 1582, 1622, 1630
et 1644, les commissaires de la charité chrétienne et la
chambre générale de réformation des hôpitaux tentèrent
vainement d'enlever aux échevins cette administration (2).
Enfin l'édit de 1672, par une mesure générale, fit l'application de ses revenus, comme de ceux de l'hospice, à
l'ordre militaire de Notre-Dame de Saint-Lazare et du
Mont-Carmel. La commune de Picquigny fit une longue
opposition à l'exécution de l'édit. Mais elle fut définitive-
ment condamnée à se désister de la possession et jouissance
de Tanfol, à se dessaisir des titres et à rendre compte
des revenus, par arrêt de la chambre royale du 6 août
1675.—Vingt ans après, ainsi que nous l'avons vu, les
biens et revenus de la maladrerie furent unis à l'hôpital
de Picquigny.

Au XVIIIe siècle, un procès, dont l'issue n'apparaît pas,
s'émut entre les échevins et Pezé, chapelain de Tanfol,
religieux profès de l'abbaye du Gard, qui soutenait que la
chapelle était un bénéfice ecclésiastique, lequel n'avait pu

(1) Arch. hosp., II. B. 1.—Voyez à l'*Appendice*, compte de 1315.
(2) *Ibid.*, II. A. 1; E. 1; II. E. 1.

être possédé ni prescrit par eux, personnes laïques (1).

Voici quelques noms de chapelains : I. PIERRE (1205); — II. GAUDE, Éloi (avant 1589); — III. CUNERON, Antoine (1589); — IV. PEZÉ, Antoine, ci-devant nommé.

PAUVRES. BUREAU DE CHARITÉ. — Un doyen du chapitre de Picquigny, Simon Cottu, par son testament fait en 1692, après divers autres legs, laissa le reste de ses biens aux pauvres de la paroisse. — Nous allons voir encore un legs fait aux pauvres par un autre doyen.

En l'année 1781, il se forma à Picquigny une association de charité composée de dames, sous le nom de *la Miséricorde*. Cette œuvre avait pour but le soulagement des pauvres malades de la paroisse. Ses comptes sont conservés jusqu'en l'année 1786 (2). Nous y voyons qu'elle prospéra, puisque dès la première année ses recettes s'élevèrent à.................................... 1,588 liv. 17 s. » d.

Et ses dépenses seulement à..... 700   19   5

Ce qui laissa, pour les besoins à venir, un reliquat net au 1ᵉʳ janvier 1782, de........................ 887 liv. 17 s. 7 d.

En mai 1786, le total des recettes depuis l'origine montait à............................. 5,542 liv. 19 s. 9 d.

Et le total des dépenses à....... 4,867   14   10

C'était donc encore un excédant en caisse de.................... 675 liv. 4 s. 11 d.

Nous nous permettons d'exprimer ici le vœu que cette œuvre chrétienne et philanthropique soit reprise à Picquigny, comme on l'a fait ailleurs avec succès. Si les

---

(1) Archives de l'hospice, II. B. 3.
(2) *Ibid.*, E. 4.

mêmes besoins se font sentir dans tous les temps, il est heureux de penser que les mêmes sentiments se retrouvent aussi et qu'ils ne faut parfois qu'un mot, qu'une occasion pour les réveiller. (1).

ÉCOLES GRATUITES. — Signalons une institution d'un autre ordre, une institution dont l'œuvre n'est pas bornée aux besoins matériels de l'homme, mais qui s'étend sur l'intelligence et prépare par son action une société meilleure puisqu'elle sera plus instruite.

Le 6 décembre 1688, Noël Lecerf, chanoine de la collégiale de Picquigny, voulut que l'instruction fut distribuée gratuitement aux filles de la paroisse. A cet effet, il fit don de deux maisons à Picquigny, l'une pour tenir l'école et l'autre pour loger la maitresse; plus, de vingt-cinq livres de rente au profit de celle-ci, sous ladite condition.

Plus tard, un ancien curé de la paroisse, devenu doyen du chapitre, Joseph Delahaye, par son testament daté du 23 septembre 1729, légua ses terres sur Saisseval et environs, à l'école des garçons, à celle des filles et aux pauvres de la paroisse: le revenu partagé par tiers entre eux.

Enfin le 19 février 1732, la ville acheta vingt-deux journaux et demi de terre, en quatorze pièces, pour servir à l'entretien d'une maitresse d'école des filles (2).

(1) Nous en avons cité (*Gamaches et ses Seigneurs*, p. 213,) un exemple à Gamaches, autre bourg qui, à certains égards, ressemble assez à Picquigny, dont les vicissitudes ont beaucoup d'analogie avec les siennes. Une confrérie charitable, nommé aussi *de la Miséricorde*, y était établie dès avant 1617. La même pensée y créa deux siècles après, en 1846, la *Société des Amis des Pauvres*. La charité des habitants ne s'est point démentie depuis lors et l'œuvre y est toujours vivace.

(2) Archives municipales, DD. 1, 2, 3; GG. 11.

XII

ADMINISTRATION COMMUNALE : MAYEURS, ÉCHEVINS ET AUTRES OFFICIERS DE LA COMMUNE. — SES BIENS, REVENUS ET CHARGES, DROITS ET PRIVILÉGES. — POLICE MUNICIPALE.

Étudions l'administration communale de Picquigny et suivons la fonctionnant jusqu'à la révolution.

Mais d'abord quand la commune fut-elle constituée? Il semble assez rationel de supposer que la petite ville de Picquigny dut prendre part au mouvement communal du xiie siècle, encouragée par l'émancipation des villes voisines : Amiens, Abbeville, Corbie, Bôves, Molliens-Vidame et Flixecourt (1). D'un autre côté, le vidame Guermond qui soutint les habitants *conjurés* de la commune d'Amiens contre leur châtelain, dut être naturellement amené sinon à provoquer, du moins à ne pas empêcher l'établissement d'une commune dans le chef-lieu de sa propre baronnie. Cependant rien ne prouve qu'il en ait été

---

(1) Nous donnons ici les dates de ce grand évènement politique pour ces diverses localités. Le premier chiffre est celui de la fondation de la commune, le second celui de la charte écrite connue. Amiens (1113-1190); Abbeville (1130-1184); Corbie (1120-1180). Voyez *Mémoires de la Société des Antiquaires de Picardie*, t. iii, p. 320 à 322; t. viii, p. 468, et t. xv, p. 674. — M. Loüandre, *Histoire d'Abbeville*, etc., t. i^{er}, p. 171. — La charte communale de Molliens-Vidame est de 1209. (Voyez p. 32 ci-dessus.) — Flixecourt était érigé en commune avant 1205, puisque en ladite année le mayeur et les échevins fondèrent la léproserie du lieu. (Voyez ci-devant p. 116 et Archives municipales de Flixecourt.)

ainsi. Le pays sans doute était trop pauvre: aucune activité industrielle, nulle circonstance particulière, rien de ce qui irrite les besoins, n'y avaient encore fait naître cette aspiration aux franchises municipales manifestées déjà dans beaucoup d'autres petites villes non plus populeuses, et jusqu'à de simples villages. Ce ne fut sans doute, si l'on en croit les termes des titres que nous avons compulsés. que dans la seconde moitié du XIII° siècle que Picquigny obtint ou accepta la commune. En effet, dans une charte de 1272 dont nous allons parler, un accord est fait non pas avec les échevins, corps et communauté, mais avec les habitants : « comme mi homes de me ville de Pinkegny « que je moult aime et de qui je me loue mait prié pour « men pourfit et pour le leur... Je Jehan voile et otrie « (veux et octroie) ke li homes... fachent au coust de le « ville le pont, etc. » Mais six ans plus tard une transaction est faite entre le chapitre et l'hôpital, de l'assentiment du vidame et aussi des *échevins* de Picquigny : « *De assensu* « *nobilis Johannis, vice domini Ambianensis... et scabinorum* « *de Pinchonio...* » (1).

Dès-lors, la commune fut administrée par un mayeur et un conseil composé de six échevins, dont l'élection était annuelle. Sans doute qu'il en était de même de l'élection du mayeur. Quant à l'époque où elles se faisaient, nous supposons que, comme dans beaucoup d'autres communes ou villes de Picardie, c'était le jour du *béhourdis,* premier dimanche de carême. Une ordonnance de Saint-Louis de 1256 avait enjoint, entre autres choses, aux municipalités de faire l'élection à la fête de saint Simon saint Jude, c'est-à-dire le 29 octobre. Mais il semble que bien peu se soient

(1) Archives municipales, DD. 1.— Archives de l'hôpital, C. 1.

conformées à cette prescription; elles continuèrent donc à faire l'élection selon les anciennes traditions.

Cinq siècles après, en mai 1765, un édit de Louis XV réglementa sur un plan uniforme l'administration des villes et des bourgs. En exécution de cet édit, le nombre des échevins de Picquigny fut réduit à deux, auxquels on adjoignait des conseillers de ville (1).

Nous avons recueilli quelques noms de mayeurs et de maires anciens, qu'il n'est pas sans intérêt de rappeler, parce que certaines familles y retrouveront de leurs membres. Nous compléterons la liste par les noms des maires postérieurs à la révolution.

Liste des mayeurs et des maires.

1° Vasseur (Pierre). 1608.
2° Glaine (Pierre). 1683-1684.
3° Leroy (Louis). 1690.
4° De Cazalis de Beaulieu (Jean). 1692-1694.
5° La Massonnière. 1702.
6° Flamend (Nicolas). 1709.
7° Turben (Louis). 1720.
8° Bernard (Jacques). 1727-1732.
9° Holleville (Louis). 1735-1737.
10° Lesouef (Adrien). 1753.
11° Brandicourt (Nicolas). Il fut nommé par les habitants assemblés le 21 mai 1754 et installé publiquement le 18 juin. Il exerçait encore en 1764.
12° Beauger (Claude). Il fut nommé par ordonnance royale du 29 septembre 1772, fut reçu et prêta serment le 8 janvier 1773. Il exerçait encore en 1787.
13° Gricourt (Pierre-François). Il exerçait en janvier 1791 et fut réélu le 13 novembre même année. Le 6 vendémiaire an III, il

(1) *Registre aux délibérations*; Archives municipales, BB. 2.

se démit de ses fonctions pour rester directeur des postes.

14° SANONIER (Jean-Baptiste-Roch), ancien chanoine de Saint-Martin. Il mourut à la fin de mars 1819, après avoir exercé ses fonctions pendant vingt-cinq années environ.

15° SANONIER (Aubin-Théophile). 1819-1821.

16° MALLOT (Louis), ancien adjoint. 1821-1830.

17° PROPHETTE (Louis-François-Honoré). 1830-1834.

18° BERNARD (Georges-Victor Casimir). 1834-1838.

19° DIGEON (Alexandre-J.-B.-Hyacinthe). 1838-1842.

20° DEROUVROY (Jacques-Jean-Baptiste). En exercice depuis le 28 août 1842.

L'hôtel-de-ville où se tenaient les assemblées des échevins était situé sur la place publique, à quelques pas de celui nouvellement construit. Il est aujourd'hui transformé en habitation particulière, dont on remarque encore l'architecture du XVI° siècle. Le toit aigu a ses deux rampants échancrés en gradins. Sa charpente est, dit-on, en châtaignier. Tout à côté on voit aussi le pied de la tour sur laquelle s'élevait le symbole de la liberté communale, le *beffroi*, dont la cloche convoquait les échevins aux assemblées et les bourgeois dans les occasions solennelles.

Afin de sauvegarder les titres et papiers de la commune, non-seulement ils étaient inventoriés, mais ils restaient enfermés dans un coffre à trois clefs, scellé à la muraille de la salle des séances de l'échevinage. Pour faire l'ouverture de celui-ci, il fallait une autorisation spéciale, et si quelque titre en était extrait, récépissé en devait être signé par le mayeur sur un registre qui restait enfermé avec les titres (1). On est loin, malgré les prescriptions

---

(1) Archives municipales, JJ. 1.

de l'autorité, de prendre à présent de telles précautions dans les campagnes. Aussi que de titres précieux pour les communes ont péri et périssent tous les jours!

MARAIS. — Les biens de la communauté de Picquigny consistaient principalement dans ses marais, dont une partie paraît avoir été possédée en commun avec le village de La Chaussée. Mais ces marais, ces pâturages qui avaient une certaine étendue, provenaient-ils, comme on le croit assez généralement aujourd'hui, des seigneurs du lieu, ou faut-il leur attribuer une origine plus ancienne? Une coutume qui remonte aux colonisations romaines, peut-être au-delà, était de laisser sans culture une certaine étendue de terre destinée au pâturage commun des bestiaux, pourquoi on les nommait *communes*, nom qui s'est perpétué jusqu'à nos jours. Tel est le témoignage de Frontin. « La propriété des pâturages, dit-il, repose sur les *fonds*, « mais en commun : ce qui les a fait nommer *communes* « en beaucoup de localités. » (1). Ainsi, la propriété de cette espèce de biens ne reposant point sur les têtes des habitants, mais sur les fonds eux-mêmes des habitations agglomérées, la communauté, l'indivision ne pouvait être rompue, devait se perpétuer par la force des choses : et c'est ce qui est arrivé.

Mais quels sont les lieux qui possèdent depuis une époque assez reculée pour qu'on puisse leur faire l'application du passage de Frontin? Sans aborder une telle question, faut-il rejeter absolument cette ancienneté d'origine partout

---

(1) « Est pascuorum proprietas pertinens ad *fundos*, sed in commune : propter quod ea compascua multis in locis *communia* appellantur. » *Aggeni Urbici commentarius in Frontinum, de Agrorum qualitate*, p. 153. Édition 1000. Frontin vivait dans le premier siècle de notre ère, sous Vespasien.

où l'on trouvera des reconnaissances de fief en faveur du seigneur? Non. Nous ne supposerons même pas, en ce qui concerne les villages reconnus antérieurs à la monarchie, ou du moins à la féodalité, que ces reconnaissances aient été faites dans l'ignorance des anciens droits de la communauté, ou bien sous la pression des seigneurs, alors que les misères des temps et l'affaiblissement de l'esprit de commune (1) rendaient les influences faciles. Nous croyons, au contraire, que ce fut là une conséquence toute naturelle du régime féodal. On sait, en effet, qu'il était de principe que toute propriété était censée détachée primitivement du domaine national et mise par le souverain à la disposition du feudataire. Celui-ci eut son fief composé d'une étendue de terre plus ou moins considérable, à laquelle étaient attachés accessoirement et nécessairement les villages, les habitations, les habitants eux-mêmes qu'elle contenait. Il eut, soit qu'on la lui donnât, soit qu'il la prît, toute puissance sur ces choses. Ainsi, après avoir été attachés, avoir appartenu, comme le dit Frontin, par indivis, en commun, aux *fonds* des héritages dont se composent les villages voisins, afin que les bestiaux qui servaient à la culture des terres pussent y trouver la nourriture, ces pâturages passèrent aux grands feudataires, non point distinctement, séparément, mais *in globo*, en masse, accessoirement avec le domaine qui formait leur bénéfice. On comprendra sans peine que l'intérêt du seigneur fut de laisser subsister le droit au pâturage au profit de ses vassaux: n'était-ce pas une condition nécessaire de leur existence, de l'exis-

(1) On doit, avec M. Bouthors (*Coutumes locales*, t. 1er, p. 135), considérer comme cause principale du relâchement du lien communal, la dispersion par le mariage des membres qui composent l'association, ou leur division par l'intérêt.

tence même de son propre domaine? Aussi, nulle pensée d'y porter atteinte ne se révéla-t-elle pendant des siècles. Ce ne fut qu'après le relâchement du lien féodal, quand les intérêts des habitants furent tout-à-fait détachés de ceux des seigneurs, quand la propriété immobilière eut pris une véritable valeur en présence de la richesse agricole, qu'on vit naître les prétentions à la revendication, au triage ou partage. Nous touchons là une question pleine d'intérêt et qui mènerait à des recherches et à des développements qui seraient au-dessus de nos forces et auxquels se refuse d'ailleurs la nature de cette notice.

En nous bornant à ce qui concerne Picquigny, devra-t-on reconnaître que ses marais proviennent des dons des seigneurs du lieu? Oui, si le témoignage écrit des habitants pouvait suffire. Mais ce qui serait un motif péremptoire de décision aux yeux d'un tribunal, ne l'est pas toujours aux yeux de l'histoire. Examinons ce qui s'est passé. Le premier acte qui présente la prétention des seigneurs de Picquigny à revendiquer la propriété des marais est une transaction du 20 août 1543. Le vidame Antoine d'Ailly avait manifesté « l'intention de réunir à son domaine,
« pour en faire son profit et pour augmentation de ses
« terres et seigneuries..., tous les pasturages estant es
« mètes d'icelles terres et seigneuries de Picquigny et de
« Le Cauchie, comme à luy appartenant... » Mais les habitants desdits lieux entendaient y contredire et l'empêcher, soutenant « que de tout tems, même de tems
« immémorial, eux et leurs prédécesseurs auroient tou-
« jours mené et fait mener pasturer leurs bestes... èsdits
« pasturages... qui leur étoient communs et que ils en
« auroient acquis le droit de communauté par la très-
« longue jouissance et possession qu'ils en auroient fait, sous

« la justice et seigneurie d'icelluy nostre dit seigneur... » Cependant, afin de prévenir le « gros procès quilz étoient « en voie de avoir, » les habitants de Picquigny et de La Chaussée consentirent que « le vidame eut à prendre et « appliquer à son profit desdits pasturages... 50 journaux « d'iceulx, sçavoir: 25 du lez et costé vers l'abaye N-Dᵉ du « Gard, et les autres 25 journ. du lez et costé vers la « ville d'Amiens... » Le seigneur garantit alors, par son chargé de pouvoirs, la possession tranquille du reste auxdits habitants, à la charge toutefois de lui payer deux paires de gants de cens et reconnaissance chaque année, au jour de la Trinité, fête de Picquigny, avant le commencement de la messe. Et l'acte ajoute: « desquels pas- « turages, *en tant que métier est ou seroit*, led. procureur « pour et au nom dudit seigneur vidame en a fait don « auxdits habitans... » Mais cette clause d'apparente libéralité n'est-elle pas une simple forme de style seigneurial, dépourvue de sens au fond, comme celle que M. Augustin Thierry a signalée dans les chartes confirmatives des communes? (1). La transaction fut consentie devant le bailli de Picquigny par les échevins et vingt-un habitants de Picquigny, les échevins et trente-deux habitants de La Chaussée, sans doute les plus notables, dont les noms sont rappelés en l'acte conservé aux archives locales.

Dès-lors on comprend que tous les dénombrements, toutes les déclarations qui suivirent, notamment le 15 juillet 1567, le 30 août 1634 et le 18 juillet 1694, durent exprimer, soit par le même abus de style, soit comme désormais acquise et justifiée, l'origine féodale des marais.

Toutefois, en historien fidèle, nous devons opposer à ces témoignages un accord fait au mois d'avril 1272 entre

(1) *Charte communale d'Amiens*, note 2ᵉ du préambule.

Jean, vidame d'Amiens, et les habitants de Picquigny. Ceux-ci furent autorisés, sur leur demande, à faire, au lieu et place du seigneur, le pont de ses grands moulins sur la Somme et un chemin jusqu'au pont de Breilly « par « où ils puissent cachier leurs vaces et leurs kevaux ez « marets et faire paistre et pussent li hommes devant dits « soier de l'herbe ou faire sohier, sy comme ils ont toujours « fait au tems mes anchiseurs jusques aujourd'hui. » (1). Dans cet acte, pas un mot qui indique l'origine seigneuriale des marais, rien de ces inquiétudes dissimulées sous la forme de réserves, si fréquentes, si habituelles depuis, relativement à l'hommage et aux droits qui en pourraient être dus. C'est que chacun sait encore qu'il n'y a pas eu là concession du seigneur et qu'il a trouvé les choses toutes faites; c'est que le souvenir d'un droit antérieur au sien est encore présent à la pensée de tous, conservée par une tradition qu'a toujours vivifiée l'esprit d'indépendance communale. Mais, à la longue, de profondes modifications dans l'état des personnes et des choses obscurcirent les souvenirs et amenèrent la confusion des idées sur l'origine des pâturages communs.—Nous remarquerons, en passant, que les habitants de La Chaussée n'avaient point pris part à cet accord, ce qui dénoterait un défaut d'intérêt dans cette affaire.

Revenus.—Les revenus de la communauté étaient perçus par le mayeur, qui rendait compte à la fin de son exercice. Il existe aux archives du lieu un trop petit nombre de ces comptes et ils sont d'ailleurs trop imparfaits pour que l'on puisse bien par eux apprécier l'importance des revenus communaux. Celui rendu par le mayeur sortant, pour

---

(1) Archives municipales, DD. 1.

trois années d'exercice, 1692 à 1694, porte la recette
totale à.................................... 4,533 liv. 15 sols.
et la dépense à............................ 4,674   16

Ce qui forme un déficit de........ 141 liv. 1 sol.

C'était là malheureusement l'état en quelque sorte normal des municipalités rurales d'alors. Nous en avons cité ailleurs un autre exemple, en détaillant les causes d'un tel état de choses et en copiant les sages réflexions qu'il avait provoquées de la part du savant commentateur des anciennes coutumes locales de Picardie (1). Nous devons dire qu'ici les même vices se retrouvent : ce sont des voyages d'Amiens pour acheter les gants à présenter au bailli, ou les poulets d'Inde à offrir aux élus chargés de la répartition de la taille; c'est le prix de ces poulets; c'est la dépense faite en traitant avec un milicien que devait fournir la commune, etc., etc.

IMPOSITIONS ET AUTRES CHARGES. — Jetons maintenant un coup-d'œil triste et rapide sur les charges qui grevaient les habitants de Picquigny. La taille, cette sorte d'impôt parfois si lourd de l'ancien régime, s'élevait, à la fin du XVIIe siècle, à deux mille cent cinquante livres pour la commune. Les habitants, pauvres manouvriers et bateliers pour la plupart, se sentant dans l'impossibilité de payer cette somme, à cause des lourdes charges qui pesaient déjà sur eux, présentèrent le 23 septembre 1686 requête à l'intendant de Picardie, afin d'obtenir réduction de moitié.

En 1694, c'était bien pis : depuis la déclaration de guerre contre l'Angleterre et la Hollande, les bateaux ne remon-

---

(1) M. Bouthors, *Coutumes locales*, t. 1er, p. 138.— *Gamaches et ses Seigneurs*, p. 106.

tant plus la Somme, les habitants de Picquigny manquaient d'une de leurs principales ressources; ils étaient épuisés par les impositions extraordinaires, la milice de deux soldats, les ustensiles, la charge de crieur-juré, les droits d'amortissement et les quartiers d'hiver. Ils exposaient donc à l'intendant de Picardie qu'ils étaient taxés pour ladite année à six cents livres pour leur commune, cinq cent quatre-vingt-dix-sept livres d'ustensiles, deux cent quatre-vingt-huit livres pour les fourrages, deux mille six cents livres de taille, mille cinq cents livres pour la nourriture des pauvres, etc.; ce qui formait le total énorme de dix mille cent trente-huit livres (1).

Selon une ordonnance du roi datée du 29 septembre 1772, le corps municipal fut destitué et remplacé par un autre. La nouvelle administration se plaignant à l'intendant de la mauvaise gestion de l'ancienne, disait qu'avant 1764 la communauté ne devait rien, tandis qu'elle était maintenant grevée d'une dette considérable, dont un état postérieur fixa d'ailleurs le chiffre à la somme de dix mille trois cent trois livres seize sols onze deniers. Elle ajouta qu'il s'agissait en outre de construire prochainement une église, dont les plans avaient coûté cent vingt livres (2).

Les habitants de Picquigny avaient, de temps immémorial, un droit de chauffage que leur avaient concédé

---

(1) Ce fut, en effet, en l'année 1691 qu'eut lieu la plus forte imposition, depuis le commencement de la guerre, dans la généralité de Picardie. Elle s'éleva à neuf cent trente-cinq mille cinq cent cinquante et une livres, dont l'élection d'Amiens eut à supporter deux cent soixante-dix-huit mille cinq cent trente-cinq livres. (Mélanges, Bibl. d'Amiens, Mss., n° 506: *Premier Mémoire sur la Picardie*, p. 13).— Voyez aussi Archives municipales de Picquigny, CC. 1.

(2) *Registre aux délibérations*, dans les Archives municip., BB. 2.

leurs seigneurs. En 1721, les chanoines élevèrent la prétention d'y participer, ce qui leur fut contesté par les habitants.

C'était aussi un privilège de ceux-ci d'être dispensés de faire le guet au château, comme y étaient astreints « les « autres fiefvez (dépendants du fief) dudit Pincquigny. » D'un autre côté, ils avaient racheté dès le mois de novembre 1498 l'obligation de faire cuire leur pain au four banal, en s'engageant à payer au seigneur deux sols six deniers de cens annuel par ménage, ou deux chapons (1).

TAXE DU PAIN. — Comme de nos jours, la taxe du pain entrait dans les attributions de l'échevinage. Nous avons trouvé sur ce sujet un règlement dressé le 2 juin 1643 par les échevins de Picquigny, duquel il nous paraît intéressant de rappeler les dispositions. Il statue donc : *Premièrement*, que le pain blanc pesant seize onces crû et quatorze onces cuit, sera vendu deux carolus, si le blé vaut quatre livres le septier, et quinze deniers seulement s'il vaut soixante sols, et ainsi toujours à proportion ; — *Deuxièmement*, que le pain dit *cattain* (entre le blanc et le bis) pesant vingt onces crû et dix-huit onces cuit, sera vendu au même prix que dessus, le prix du blé étant le même ; — *Troisièmement*, enfin que le pain bis pesant vingt-deux onces crû et vingt onces cuit, sera vendu également au même prix dans les mêmes conditions (2). On voit que la taxe uniformisait tous les prix, en augmentant la quantité relative de pain. Il y aurait peut-être quelque chose à dire

---

(1) *Répertoire des Titres de la baronnie*, f° 31-r°.—Archives de l'hospice de Picquigny, *Procès contre La Chaussée*, n. B. 2.

(2) Archives municipales, HH. 1.—Le *carolus* représentait donc dix deniers.—L'once, qui était la huitième partie du marc, est aujourd'hui représentée par trente et un grammes un quart.

sur l'appréciation uniforme aussi de l'évaporation par la cuisson, quelle que soit la grosseur du pain. L'échevinage et sans doute aussi les boulangers supposaient que la quantité d'eau évaporée était en raison inverse de la qualité de la farine.

XIII

FAITS ET USAGES DIVERS. — HALLE ET MARCHÉS. POPULATION. — SAVANTS.

Les habitants de Picquigny élisaient chaque année, le lundi et le mardi de la Pentecôte, des *mayeurs de bannières* « qui ont regard sur les métiers. » Cette élection se faisait au XVIe siècle en commun entre Picquigny et La Chaussée, par la volonté ou « à l'appétit des seigneurs dudit Pic-
« quigny, ad fin d'avoir en une procession du Saint-
« Sacrement et de la Trinité audit lieu, où anchiennement
« ilz faisoient leur demeure et résidence, les banyères
« desdits mestiers. » (1).

Il se tient à Picquigny un marché au beurre et autres menues denrées le vendredi de chaque semaine, et un franc-marché pour la vente des bestiaux le second lundi de chaque mois. Selon M. Goze, celui-ci aurait été créé par lettres-patentes du roi Louis XIV, du mois de janvier 1663, et le premier par autres lettres-patentes de Henri II, du mois d'août 1547. D'après le P. Daire et les *Notes manuscrites* de D. Grenier, les lettres-patentes de 1547,

---

(1) Archives de l'hospice de Picquigny, *Procès contre La Chaussée*, II. B. 2.

sollicitées par le vidame Antoine d'Ailly, auraient au contraire créé le franc-marché. Ces diverses lettres ne se trouvant point aux archives de la commune, nous ne pouvons vérifier le fait et prononcer entre les deux allégations. — Un autre marché hebdomadaire qui figure encore aujourd'hui sur les catalogues officiels et les annuaires est complètement tombé en désuétude. Il avait été créé par lettres de Louis XIII, du mois de janvier 1630, portant sur ce que « notre cher et bien aimé cousin le duc de Chaulne...
« nous a fait remontrer que ledit lieu de Picquigny est
« assis en bon et fertil païs, autour duquel croissent et
« abondent plusieurs comoditez, passent et repassent
« plusieurs marchandises..., avons... accordé auxdits ha-
« bitans de la baronnie de Picquigny quilz puissent...
« tenir tous les *mercredis*... ung marché, sans nuyre ni
« préjudicier aux foires qui leur ont esté cy-devant accor-
« dées. » Ces lettres furent entérinées au bailliage d'Amiens le 1ᵉʳ février et publiées à Molliens et à Domart aussitôt après. — Enfin des lettres de Henri III du mois de juillet 1575, qui furent publiées à Amiens, à Abbeville et à Vinacourt, en mai et juin de l'année suivante, avaient créé un marché à Picquigny le *jeudi* de chaque semaine. Il était sans doute aboli quand celui du mercredi fut établi. — Les deux derniers titres que nous venons de rappeler sont aux archives municipales de Picquigny, avec les certificats de publications (1).

Il n'existe plus de halle à Picquigny; le marché se tient sur la place publique. Celle qui avait été construite sans doute lors de l'obtention des marchés, fut reconstruite en

(1) M. Goze, ouv. cité, p. 26. — P. Daire, *Doyenné de Picquigny*, p. 3. — D. Grenier, *Notes Mss.*, loc. cit., fᵒ 86. — Archives municipales, HH. 1.

1688. Le procès-verbal d'adjudication des travaux relatifs à cette reconstruction, daté du 21 octobre de l'année précédente, existe encore aux archives de la commune. Il constate que la halle avait soixante-dix pieds de long, dix-sept de large, et qu'elle était élevée d'un étage (1).

Pour l'exécution des sentences de la justice seigneuriale, il existait une potence et un carcan au milieu de la place publique de Picquigny, vis-à-vis de la maison dite *de sainte Marguerite*, qui était anciennement le chef-lieu du *fief de la Justice*. Le détenteur de ce fief était en 1524 Jean Pie et en 1752 Jumel-Villin. Nous avons dit quelle charge pieuse était imposée à ce fief (2).

Il a existé anciennement à Picquigny une compagnie d'arbalétiers. Nous ne saurions dire ni ses hauts faits, ni à quelle époque elle s'est dissoute. Nous savons seulement que le jardin qui servait à ses exercices était baillé à cens le 13 décembre 1590 (3).

Le jeu de la *cholle* ou *choule* était en honneur à Picquigny, comme il le fut encore jusques en ces derniers temps, dans certains villages de la vallée de Somme. Il se faisait le jour du mardi-gras. Le gagnant recevait huit sols du seigneur. Celui-ci faisait publier le jeu par les rues et carrefours, et tous les habitants et manants du lieu étaient tenus de s'y rendre, sous peine de cinq sols parisis d'amende. C'était auprès de la maladrerie de Temfol que se jouait la cholle au XVIe siècle (4).

(1) Archives municipales, DD. 1.
(2) Page 21.—Pagès, t. 1er, p. 140.—*Répert des Titres de la baronnie*, f° 287.—*Cartulaire des fiefs de Picquigny*, f° 291 et 295.
(3) *Répertoire des Titres de la baronnie*, f° 70-v°.
(4) *État des charges du fermier;* Archives municipales, GG. 13.— *Procès contre La Chaussée;* Archives de l'hôpital, II. B. 2.

Il était d'usage que le bailli du seigneur présentât à l'église chaque année, pour la procession du jour de la fête paroissiale (la Trinité) un chapeau de roses, c'est-à-dire une couronne de fleurs dans laquelle entrait un bouton de rose au moins. Le sergent-de-ville prenait cette couronne chez le censitaire qui était tenu de la fournir et l'apportait au bailli dans le chœur de l'église Saint-Martin, avant le commencement de la messe, c'est-à-dire à neuf heures un quart au plus tard (1).

Picquigny, comme toute la campagne des environs, eut beaucoup à souffrir pendant le siége d'Amiens en 1597. Un fermier de l'hospice se plaignait de ne pouvoir payer sa redevance, parce que sa dépouille avait été ravagée par les gens de guerre et que par deux fois ses « bestes cheva- « lines avoient été prises. » Il fut déchargé en 1601 de deux années entières de son fermage, qui s'élevait à « *trois cent trente-trois écus et une livre.* » (2)

Les murailles de la ville étaient percées de portes nommées : d'Amiens, des Chanoines, du Grand-Pont et de la Fontaine. — Nous avons remarqué quelques noms anciens de rues, savoir : la rue de la Sommelle (petit bras de la Somme), en 1364 ; celle des Telliers (fabricants de toile), en 1366 ; du Vieil-Moulin, en 1368 ; la ruelle du Guindal, en 1511 (3).

Les lieux-dits du territoire offrent aussi certains noms intéressants à cause de leur signification : le chemin Sainte-Bertine, conduisant à Airaines, et la fontaine l'Amoureuse

---

(1) Archives municipales, GG. 13.
(2) Titres de l'hospice, B. 17. — *Mouvance censuelle de Picquigny*, art. 5235 ; Archives départementales.
(3) *Répertoire des Titres de la baronnie*, f°s 76 et 77-r°. — *Inventaire de l'église Saint-Martin*, p. 61 à 63 ; Archives départementales.

(1546); la vallée du Gauguier (1548); le puits Saint-Christ, les Trois-Cornets (îlot célèbre dont nous avons parlé page 4); les Routtieux, la vallée Goin, la vallée Griffon, le camp del Caurée, les Broquettes, le Roëmont, Roberval, les Meuliniers, etc.

On voit encore à Picquigny plusieurs maisons dont les façades ou les pignons présentent des poutres sculptées, ornées de figures d'hommes et d'animaux, de rinceaux et d'arabesques, restes curieux de la riche ornementation des constructions du xvie siècle. Deux ou trois de ces maisons ont leur étage supérieur placé en encorbellement, c'est-à-dire plus large que le rez-de-chaussée, auquel il sert ainsi d'abri.

La guerre et la stérilité produisirent, pendant le cours des années 1693 et 1694, une grande mortalité. On a remarqué dans un mémoire manuscrit du temps qu'il en était résulté une diminution d'un douzième environ de la population dans les villages de Picardie. En effet, nous voyons qu'à Picquigny la moyenne des décès qui, dans les dix années précédentes, était de seize à dix-sept, monta tout-à-coup à quarante, c'est-à-dire que, pendant les trois années 1693 à 1695, il mourut cent vingt personnes: trente-trois en 1693, cinquante-sept en 1694 et trente en 1695. La population n'était alors que de mille habitants, selon le même mémoire. La moyenne des décès est aujourd'hui de trente-huit, sur une population que le recensement officiel de 1846 portait à mille cinq cent sept âmes, celui de 1851 à mille cinq cent deux, et celui de 1856 seulement à mille trois cent cinquante-deux. Mais, en ce qui regarde ce dernier, nous dirons que des renseignements pris par nous sur les lieux, à bonne source, nous donnent la conviction que son chiffre est fautif et bien au-dessous de la vérité.—Le pouillé de 1692 donnait à Picquigny six cents communiants, ce qui représentait assez bien la population accusée par le mémoire contemporain dont nous venons de parler; et le P. Daire, au siècle suivant, portait à mille deux cent cinquante le nombre des habitants. A la même époque, Expilly comptait deux cent soixante-dix-sept feux. D'après les tableaux de la population dressés au commencement de la révolution, on trouve qu'en 1794 il y avait à Picquigny mille cent vingt-six âmes et mille deux cent cinquante en 1793 (1).

La contribution foncière (principale et additionnelle) fut de 3,704 livres 18 sols 7 deniers en l'an v, et celle personnelle et mobilière de 2,709 livres 14 sols 4 deniers en l'an vi. En 1860, la contribution foncière est de 5,532 francs, celle personnelle et mobilière de 3,080 francs, et celle des portes et fenêtres de 1,938 francs; au total, 10,550 francs.

En ruinant les châteaux, en dévastant et pillant les abbayes et les églises, la révolution n'avait pas enrichi le peuple, mais elle avait bouleversé les têtes : partout on ne voyait que traîtres et danger. Au mois de janvier 1791, le bruit se répandit à Picquigny qu'une grande quantité de fusils de munition était cachée aux *Moulins bleus*. Une information fut faite par les soins de la municipalité de Picquigny. Mais rien.—Quelques mois après, le 23 juin, le peuple inquiet au souvenir seul des gueules béantes de trois canons inoffensifs conservés dans le château, exigea qu'ils fussent descendus sur la place publique. Le 26 sep-

---

(1) Mélanges, Mss., Bibl. d'Amiens, n° 506 : *Mémoire sur la Picardie*, 1697, p. 12.—P. Daire, *Doyenné de Picquigny*, p. 3.—Expilly, *Dictionnaire géographique et historique*, t. v, p. 619.—Arch. départ.

(2) *Régistre aux délibérations de la municipalité de Picquigny;* Archives départementales.

tembre 1793 on les transporta au district d'Amiens, d'où ils passèrent à la fonderie.

Cependant le séquestre avait été mis sur les biens du seigneur, et les secours que chaque semaine il faisait distribuer à *trente* pauvres, un pain à chacun, avaient cessé. La municipalité devint naturellement héritière de ces charges et dût y pourvoir. Elle demanda le 14 décembre 1792 aux administrateurs du département l'autorisation de prendre somme suffisante sur le produit des biens du domaine de la baronnie pour continuer ces distributions.

Le 28 brumaire an II, en exécution de la loi, les officiers municipaux de Picquigny firent l'inventaire de l'argenterie existant en la chapelle de l'hôtel-Dieu, où ils ne trouvèrent qu'un calice et sa patène, et en l'église de Saint-Martin où ils trouvèrent trois calices avec leurs patènes, deux ciboires et leurs couvercles, un soleil, une croix, quatorze plaques provenant d'une châsse, trois autres provenant d'une petite châsse en cœur, et quelques autres objets tels qu'une croix de soleil et un anneau ; le tout réuni pesant quatorze livres et demie et trois huitièmes d'once (1). — Dans les états qui furent dressés des vases sacrés et autres objets déposés au district, nous voyons figurer, à la date 21 floréal an II (10 mai 1794), un calice et sa patène pesant trois marcs cinq onces, que nous supposons être ceux provenus de l'hôtel-Dieu ; et, à la date du 7 nivôse précédent (27 décembre 1793), plusieurs vases sacrés et trois reliquaires provenant de la paroisse et pesant vingt-trois marcs deux onces d'argent et six marcs de vermeil *(sic)*. Un état général relevé du registre aux dépôts des matières métalliques faits au district porte, à la date du 1er frimaire an II (21

---

(1) *Registre aux Délibérations;* Archives municipales, BB. 3.

novembre 1793), vingt-neuf marcs cinq onces, et à celle du 16 pluviôse suivant, deux marcs sept onces deux gros d'argenterie ; mais sans en distinguer l'usage (1).

Le 2 frimaire an II, les officiers municipaux firent démonter dans l'église Saint-Martin « le mausolée en plomb « de linon de la chapelle Saint-Vincent, où étoient des « armoiries et signes des abus de l'ancien régime » (2), ainsi que la croix ornée de fleurs de lis qui dominait le faîte du chœur de la même église.

L'année suivante, le 30 vendémiaire an III, la municipalité brûla sur la place publique les titres féodaux. Si le procès-verbal de *brûlement* que nous avons lu est exact, il ne s'y trouvait guère que des baux à cens, des aveus datant de 1733 à 1785, plus vingt-trois registres concernant les droits de francs-fiefs (3). S'il faut regretter ces documents ainsi perdus pour les intéressés et pour l'historien, on doit se féliciter aussi que les plus précieux aient échappé à ce danger. Mais que sont-ils devenus depuis? Les archives départementales n'en ont récolté et n'en abritent que quelques-uns, que nous avons signalés chemin faisant.

Un petit nombre d'autres ont été sauvés non-seulement de ce danger, mais de bien des causes de destruction antérieures, grâce sans doute aux entraves mises jadis à leur déplacement. Ils se retrouvent à la municipalité et à l'hospice de Picquigny. L'inventaire qui en a été fait en

---

(1) *État des argenteries déposées au district d'Amiens* ; Archives départementales.—L'inventaire que nous copierons en l'Appendice (note 11) fera apprécier l'importance des richesses religieuses et archéologiques qui furent détruites à cette époque.

(2) Nous donnerons en l'Appendice (note 17) quelques détails sur le caveau sépulcral.

(3) *Registre aux délibérations* ; Archives municipales, BB. 3.

1859 leur assure de nouvelles garanties d'existence (1).

Les registres constatant l'état civil des habitants, c'est-à-dire ceux aux baptêmes, mariages et décès, sont conservés depuis 1676.

L'incendie, ce fléau dévastateur de la Picardie, s'est promené périodiquement dans le bourg de Picquigny. Des documents conservés depuis 1820 nous ont fourni les dates suivantes : le 10 avril 1822, sept maisons périrent avec leurs dépendances : perte 2,713 francs; le 13 février 1829, une maison et ses dépendances : perte 3,410 francs; le 13 décembre 1839, quatre maisons et leurs dépendances : perte 2,434 francs (2).

La petite ville de Picquigny a donné naissance à un savant théologien et prédicateur de l'ordre des Capucins, le père Henri Bernardin de Picquigny. On lui doit plusieurs ouvrages et principalement un *Commentaire sur les quatre Évangiles*, Paris, 1704, in f°; et une *Triple exposition des Épîtres de saint Paul*, ibid., 1704, in-f°. Ce dernier ouvrage, un des meilleurs que nous ayons en ce genre, était très-estimé, dit Moréri, « non-seulement des prélats et « des théologiens de France, mais aussi de toute l'église « et du pape Clément XI, qui dit plusieurs fois, à la louange « de l'auteur, que peu de personnes avaient pris aussi bien « que lui l'esprit de saint Paul. » Une édition revue par le R. P. Bernard d'Abbeville, vicaire des Capucins du Marais à Paris, neveu de l'auteur, est fort estimée. L'auteur en avait aussi donné un abrégé, 4 vol. in-12, dont une cin-

---

(1) Voyez en l'Appendice l'extrait de l'inventaire des archives de l'hospice (note 13) et celui de l'inventaire des archives municipales (note 15).

(2) Archives départementales, liasses intitulées: *Incendies et autres évènements; et Caisse des incendiés.*

quième édition a paru en 1820. Les autres ouvrages de Bernardin de Picquigny sont : *Pratique efficace pour bien vivre et bien mourir;* Lyon, 1701, in-12; *Retraite spirituelle;* ibid., 1701, in-12. Ce religieux, né en 1633, entra en 1649 dans l'ordre, où il resta soixante ans, et mourut à Paris, le 9 décembre 1709 (1).

Un autre Capucin, Augustin de Picquigny, gardien de l'ordre, se fit connaître, vers ce même temps, par la bizarrerie de son style. Le 15 juin 1711 il prononça à Arras l'oraison funèbre du dauphin, fils unique du roi Louis-le-Grand. « Une naïveté burlesque et ridicule est le caractère dominant de cette pièce... des tirades d'un fort plaisant galimathias la rendirent célèbre et des copies manuscrites en furent vendues très-cher. On l'imprima, pour la cinquième fois, en 1739, in-4°, à Arras. Le bon père prit pour texte : *princeps et maximus cecidit.* » (2)

Les noms patronymiques de ces deux personnages nous sont inconnus. Il ont été, suivant l'usage des ordres religieux, remplacés par celui du lieu de leur origine.

Nous avons parlé d'autres savants que revendique Picquigny, le vidame Michel-Ferdinand, qui s'occupa de sciences physiques, et son fils Louis-Marie-Joseph-Romain qui s'adonna aux sciences chimiques. Ajoutons ici Jean Lecomte, qui fut chanoine de Saint-Martin et aussi curé de la paroisse. Les loisirs que lui laissaient ses devoirs de

---

(1) P. Daire, *Doyenné de Picquigny*, p. 21.—Moréri, *Dictionnaire historique*, p. 186, 187.—*Gallia christiana*, t. x, col. 1214, C.—*Nouvelle Biographie générale*, t. v.—Mémoires de Trévoux, février 1704, *Compte-Rendu de la triple exposition;* 1710, t. II, p. 705, *Éloge de Bernardin de Picquigny.*— Le P. Daire dit qu'il passe aussi pour l'auteur du livre *De heresi Jansemana.*

(2) *Année littéraire*, 1761, t. VIII, p. 270.

pasteur, il les donnait à la littérature. On a de lui quelques poésies qui ne sont pas mauvaises: des *Stances sur la Noblesse*, d'autres *Stances imitées des Psaumes*, etc. L'insertion posthume de ces diverses pièces dans le *Mercure de France*, pourrait suggérer quelque doute sur le nom de leur auteur qui n'est pas cité, si nous n'avions l'affirmation du P. Daire (1). Quoiqu'il en soit, nous ne pouvons mieux finir que par la citation de l'une des stances imitées du psaume cv.:

> Heureux celui dont la justice
> Conduit le cœur, guide les pas;
> Qui des sentiers fleuris du vice
> Sage et craintif n'approche pas!
> S'il parle, sa langue éloquente
> Formera d'aimables accents;
> Jamais de sa main innocente
> Dieu ne dédaignera l'encens.

(1) *Doyenné de Picquigny*, Ms., p. 23.— *Mercure de France*, mars 1739, mars 1741, août 1742.

APPENDICE

§ Ier.—NOTES ET ADDITIONS CONCERNANT LES VIDAMES ET LA BARONNIE

(Page 9.)

1.—La vue du château de Picquigny que nous donnons (pl. Ire) a été restituée avec beaucoup d'intelligence et d'exactitude par M. Duthoit, d'après un croquis à la plume qui se trouve à la Bibliothèque impériale, section des Estampes, dans le recueil intitulé: *Topographie de la Somme*, III, 6. Désigné sous le titre de château du duc de Chaulnes, ce dessin a été placé par erreur dans la partie du volume consacrée à l'arrondissement de Péronne, immédiatement après une vue gravée du château du village de Chaulnes. —Nous devons la communication de ce joli dessin à l'obligeance de M. H. Dusevel.

(Page 45.)

2.—Nous n'avons pu préciser l'époque de la mort de Renault de Picquigny. Nous ne le ferons pas encore tout-à-fait ici; mais nous allons citer un certain nombre de quittances qui nous montreront qu'elle est postérieure au 17 septembre 1315. Ces quittances, dont nous venons d'acquérir les originaux (1), ont pour objet le paiement de

(1) Mss. provenant de M. Bigant, de Douay.

gages pour service militaire. Elles sont données au vidame : 1° par « Jehans de Pinkegny, chevalier, sires de Saint-« Ywin... pour mi et pour me sire Warat de Fourdinoy, « chevalier... en rabat de nos wages du deerain ost (1) « de Flandres. Doné au siège de les Courtray... » — 2° par « Gilles Rebestiers, chevaliers, sires Du Bos (de la com-« pagnie Monseigneur Robert de Ficules)... en rabat de « mes gages... Faite el siège de les Courtrai... » — 3° par « Jehans de Pontiu, quens (2) d'Aubemale... de men chier « cousin le vidame d'Amiens, segneur de Pinkegny, pour « mi et pour douze eskuiers... item pour me sir Willaume « de Colesberk qui est avœc mi... » — 4° par « Henris « sires de Prouvile, chevaliers... pour mi et pour iij es-« kuyers... » — 5° par « Jehans sires de Fraitun, cheva-« valiers... pour mi et pour ix eskuiers... » — 6° par « Enguerrans d'Yseke, chevaliers... pour mi et pour » chincq eskuiers... » — 7° par « Pierre de Wailly... pour « mi et pour iij escuiers... et pour ce que je n'avoye mie « men seel avœc mi, je ay ches présentes letres seelées du « seel me sir Colart de Legny. Faites à Tournay... » — Les deux premières de ces pièces sont datées du 12, et les cinq autres du 17 septembre 1315. Leur intérêt est aussi de nous faire connaître que le vidame accompagna Louis X dans son unique expédition militaire, la campagne avortée de Flandre, et qu'il fut au siège de Courtray ; enfin de nous donner des noms de chevaliers servant sous sa bannière, avec le nombre de leurs écuyers.

Un autre titre de la même année nous montre le vidame Renault, capitaine, c'est-à-dire gouverneur de Calais. Nous le donnons ici textuellement : « Sachent tout que Nous

---

(1) Dernière campagne.
(2) Comte.

« Renaus, vidames d'Amiens, sires de Pinkeigny, capi-
« tainnes de Calais de par no seigneur le roy avons ews
« *(eu)*... pour monseigneur Loys d'Avaugor et monseig^r
« Loys de Laval et pour esculers par vint et deus jours
« dusques à la somme de quatre vins et dis et nuef libres
« tournois, pour leur gages de servis en l'establie (1) de
« Calais, l'an de grace mil ccc et quinze le vint et sisième
« jour d'Aoust. »

On remarquera les variantes dans l'orthographe des mêmes mots.

Ce fut Renault de Picquigny qui détacha de la baronnie, au commencement du xive siècle, la terre d'Hangest, pour la donner en dot à sa fille Marie. Elle était encore, en 1695, dans la maison de Croy. (Voyez *Réponse*, signée Morgan, bâtonnier, *à une consultation sur les droits de quint*, 1777, p. 108.) Des titres concernant l'acquisition de la dîme d'Hangest par la mère de Jean (2) de Picquigny, en 1252, nous montrent que cette terre faisait alors partie de la baronnie. Il existe aussi aux archives d'Hangest *(Inventaire*, DD. 1.) une copie de charte de Jehan de Pinkeigny, en qualité de seigneur du lieu, datée du mois d'avril 1272.

*
* *

(Page 55.)

2. — Nous avons omis la date de la mort de Jacqueline de Béthune, parce qu'elle ne nous était apparue nulle part. Mais nous venons de trouver aux titres du chapitre de Saint-Martin un acte qui, nous le croyons, l'a suivie de près. C'est une donation faite le 12 octobre 1444 par son

---

(1) C'est-à-dire la garnison ; du mot latin *stabilita*.
(2) Nous ferons remarquer que cette dame y est nommée *Mathilde* de Créséques, et non Mahaut, comme nous l'avons fait (p. 36) d'après Moréri et D. Grenier.—(Voyez *Titres de l'Évêché*, Q. 14, f° 41.)

mari, Raoul d'Ailly, au profit de la collégiale de Saint-Martin, de dix-neuf journaux de terre, afin d'obtenir des prières « pour le salut des âmes de nous, dit le donateur, « et de deffuncte que Dieux pardoinst Jacquelie de Béthune, « à son vivant notre chère et aimée compaigne. »

.˙.

(Page 58.)

4.—La date de la mort de Iolande de Bourgogne nous avait aussi échappé. Une copie de son testament, trouvée aux *Titres de la Collégiale*, nous fixe à peu près à cet égard. Il est daté d'abord du vendredi 3 avril 1494, puis reconnu le 6 septembre 1497. Probablement cette reconnaissance, cette espèce de confirmation de ce qu'on nomme les dernières volontés, se fit-elle *in extremis*.

Nous appellerons l'attention sur d'autres documents qui ressortent de ce testament, dont nous donnons ici un extrait. On y verra surtout que Jean d'Ailly vivait encore en 1494, et probablement en 1497, ce qui, dans tous les cas, contredit notre indication de décès puisée en Duchesne.

Testament de Yolande de Bourgogne (1).

« In nomine Dⁿⁱ, amen. Moy Yolant de Bourgongne vidamesse d'Amiens dame de Pinquegny, de Rayneval et de Labroye, à présent dem^t aud. Pinquegny... Je fays et ordonne... mon corps... estre mys et inhumé à l'église collégial Dieu et Mons. St-Martin... dud. Pinquegny, à la chappelle de mess. les vidames, au lieu que on a acoustumé......

(*Ordonnances pour prières, etc.*)

« Item à l'église St-Martin je laisse ma meilleure robe, pour... avoir des chappes avec les x liv. dessus dits.

(1) Nous avons indiqué par des *points* les passages supprimés.

« Item... A l'église S¹-Jean-Baptiste iiij liv. tourn... A l'ostel-Dieu dud. Pinquegny l'un de mes litz, le meilleur... A ma fille Jehenne d'Ally, religieuse au Pont-Sᵗᵉ-Maxence... xxiiij ¹, laq. sera tenue faire dire une messe de Mons. Sᵗ-Franchois... Item je donne et laisse à l'église N.-D.-sur-le-Mont, pʳ faire une *verrière* au-dessus de l'ostel, xxx ˢ.

« Item je donne et legatte à Monseigʳ Jehan d'Ally mon mari xvj liv. tourn., en luy suppliant qu'il vœulle faire prier Dieu pʳ moy.

« Et le résidu de tous mes biens... je les donne et laisse à Charles d'Ally, mon filz......

« Fait à Pinquegny ce vendredy iijᵉ jour d'Avril avant Pasques Mil iiijᶜ iiijˣˣ et xiiij. — Et signé de ma propre main. Yolant de Bourgongne.

« Le Mercredi vjᵉ jour de septembre An iiijˣˣ et dix-sept, lad. Dame a passé et recongnut ce présent testament, en la présence de maistre Jehan du Vey, maistre Pierre Flan, chanoines, sieur Nycole de Molinguehen, prestres et chappellain, pardevant moy Jehan de Frohens, prestre et curé dud. Pinquegny. »

(Page 60.)

5. — Quelques-unes des dispositions du testament de Charles d'Ailly que nous avons cité offrent un certain intérêt historique: ce qui nous engage à en publier un extrait textuel.

Testament de Charles d'Ailly (1).

« In nomine domini, amen. Charles d'Ally, chevalier vidame d'Amiens, seigʳ baron de Pinquegny, de Raineval

---

(1) Nous avons aussi, dans cette pièce et dans les autres copiées plus loin, remplacé par des *points* les lettres et les mots supprimés, et nous avons mis entre parenthèses le sens de certains mots qui auraient pu n'être pas compris.

et de Labroye, estant en mon bon sens... Premièrem. Je laisse mon âme à Dieu..., et mon corps, aprez que l'âme en sera départie estre inhumé et enterré en l'esglise de Dieu et Mr Sainct-Martin de céans, en la chapelle et ou sarcus *(tombeau)* où deffunctz Monsr Jehan d'Ally, mon père et madame Yollent de Bourgongne, ma mère, que Dieu absoille sont enterrés et auprez d'elle. A laquelle esglise St-Martin je donne et laisse la so{e} de c. livres tournois pour estre employé es reffections, ouvraiges et réparations de lad. esglise. Item je donne pour ayder à enchasser en argent le chief Mons. Sainct-Mahieu estant en lad. esglise St-Martin la so{e} de xvj escuz d'or royaux. Item je donne à l'esglise St-Jehan dud. Pinquegny pour estre employé ès réparation de lad. esglise la so{e} de xl. liv. Item à la confrairie de M. St-Sébastien en lad. esglise St-Jehan la so{e} de xl s tourn. Item aux deux curés de lad. esglise dud. Pinquegny je donne à chacun de eulx la so{e} de xl s tourn. ... Item... aux sœurs de Ste-Claire..., aux sœurs de la Magdalaine... et aux sœurs grises..., Aux couvens des Jacopins, Augustins, Mynimes et Cordelliers de la ville d'Amiens..., à l'hostel-Dieu d'Amiens... Item je donne à l'hostel-Dieu de Pinquegny une *verriere* en la chapelle dud. hostel-Dieu... Item le jour de mond. service je vœul qu'il soit donné aux povres la somme de vingt livres tourn. et deux muytz de blé, mesure d'Amiens, qui sera converty en pain et distribué auxd. povres... Item je vœulx et ordonne que aprez mond. trespas soit fondée une messe basse chacun jour perpétuellement... en lad. esglise St-Martin en la chappelle où ma femme est enterrée, pour le salut des âmes de Philippes de Crevecœur mad. feue femme et de moy... Item je vœulx aussy qu'il soit fondé en lad. esglise St-Martin en la chappelle du Revestiaire *(de la sacristie)* où mad. feue femme est enterrée tous les dimences... la sealme de *Miserere*... Item pareillement sera fondé en lad. esglise une Procession tous les vendredis de l'an perpétuellem. et devant le crucifix se fera une stacion où sera chanté par led. collège ung respons qui se commence *Quandò Deus*, lequel respons est mis en ung tableau devant led. crucifix que j'ay fait faire... Toutes lesquelles fondations je vœulz et ordonne qu'ilz soient prinses sur la cense du Rozel ou ailleurs, à la discrétion de mon filz Anthoine et de mesd. exécuteurs. Item je vœulz qu'il soit fait une épitaffle là où sera ung ymaige de N.-D° avec la représentacion de mad. femme où elle est enterrée, ainsy qu'elle a ordonné par son testament, et pour le faire sera employé deux cens livres tourn. Item je donne à mon filz Jehennet la somme de six cens livres tourn. de rente chacun an, pour en joyr sa vie durant... en renonçant par luy au prouffit de mond. filz Anthoine à tous droix de quindz, mœubles, aquestz et conquestz immœubles... en ma succession et en la succession de mad. feue femme sa mère. Mais pour ce que je congnois led. Jehennet mond. filz estre de petit sens et qu'il n'a point bon entendement pour gouverner son bien, je vœulz et ordonne qu'il se mette du tout au gouvernem^t de mond. filz Anthoine et que led. Anthoine joysse et possesse des terres de Belonne, Cunchy et desd. vi . liv. de rente.... Et la où led. Jehennet ne vouldroit estre au gouvernem^t de sond. frère.... Item je donne à ma fille Marguerite d'Ally femme de Monsieur de Thiembronne, une chaine d'or en valleur de cent escus d'or... Item... à ma fille Jehenne d'Ally pour son mariaige la so^e de seize mil liv. tournois pour une fois, à prendre sur tous mes biens... et elle sera tenue renoncer à tous quindz, ensamble à tous autres droix en ma succession et en la succession de ma feue femme sa mère... Je donne ancoires à mad. fille Jehenne ma robbe de damas tenue fourrée de martres sebelines... pour le jour de ses nopces ... Item je donne à Anthonnette, ma fille naturelle, pour la marier, la so⁵ de deux mil livres tourn. et sy vœulz que mond. filz Anthoine le nourrisse et entretiengne du tout à ses despens jusques à ce qu'elle sera mariée... Item je donne à ma petite fille Marie, fille de mon filz Anthoine, ma fourrure de lubernes *(panthère).* Item je donne à ma sœur Jehenne d'Ally, religieuse au Moncel prez Pons-Ste-Maxence... vingt livres tourn. pour avoir une robbe...

(Suit une foule de legs aux serviteurs, amis, parents.)

« Et le résidu de tous mes biens... je les donne et laisse à mond. filz Anthoine d'Ally, mon héritier; à charge de payer etc.

« Passé par led. Mons. Charles d'Ally, luy estant à Pinquegny, en son château, pardevant moy Ferri Rattel, prestre doyen et chanoine de lad. esglise St-Martin le dernier jour d'Aoust L'An Mil cincq cens vingt deux, en la présence de Mond. seig^r Anthoine d'Ally seig^r baron de Pinquegny, seig^r de Dours, Jehan d'Ally seig^r de Belonne, son frère, qui ont accordé ced. testament... etc. »

(Suivent, sur l'original, les signatures et un approbamus des rectifications interlignées.)

(Page 67.)

6. — Nous avons dit que, pendant le siège d'Amiens, Gabrielle d'Estrées se logea à Picquigny. Le fait est exact; mais comme on pourrait supposer ici une erreur, nous devons ajouter qu'elle n'y séjourna que peu de temps et qu'elle se rendit ensuite à Bôves, pour se rapprocher plus encore de son amant, qui s'était posté en la maladrerie de la Madeleine avec les princes et les principaux chefs de son armée. Tel est le témoignage de Rivoire, en son *Précis de la surprise d'Amiens*, déjà cité, p. 33.

(Page 70.)

7. — Aux détails que nous avons donnés sur la mort et l'inhumation du duc de Chaulnes, Pagès (t. IV, p. 333 et suiv.) en ajoute d'autres qu'on y pourra lire. Nous en extrayons les suivants. Le duc mourut à Paris quinze jours environ après avoir été taillé de la pierre. Son corps fut rapporté à Amiens le 28 octobre 1650. L'évêque, son chapitre, le clergé des diverses paroisses de la ville, les autorités civiles, la milice bourgeoise et les compagnies privilégiées se portèrent au-devant du corps, que suivait le fils aîné du duc. Le deuil était conduit par le marquis de Crévecœur, qu'accompagnaient plusieurs gentilshommes de Picardie. Ce jour-là il fut dit environ trois cents messes dans la cathédrale, dont les stalles et la nef étaient tendues de velours noir, aux armes du défunt. L'oraison funèbre fut prononcée par le P. Page, jacobin, prédicateur célèbre.

*.

(Page 73, note 1re.)

8. — L'épitaphe qu'on lit aujourd'hui derrière le maître-autel, dans l'église Saint-Martin, fait remonter, avons-nous dit, à 1624 la naissance de Charles d'Ailly. Nous en avons recherché la cause, et il nous a paru qu'elle venait de ce que le vidame portait le même prénom qu'un autre de ses frères, son aîné, mort plus de cinquante ans auparavant. Le rédacteur sans doute, oubliant cette circonstance, aura confondu la naissance de l'un avec celle de l'autre.

*.

(Pages 48, 51, 77.)

9.   **Explication de la planche des sceaux.**

Afin de faire mieux saisir les variations des armes des seigneurs de Picquigny, nous avons fait dessiner quelques sceaux plus ou moins bien conservés, mais où se voient du moins les parties principales.

Le n° 1er représente le vidame Enguerran couvert d'une cotte de mailles, l'épée dans la main droite, et de la gauche se couvrant d'un écu aux armes que nous avons décrites (p. 52) et qu'on retrouve au contre-scel (n° 2). On remarquera l'échiquier, qui est de quatre traits, à cases alternativement nues et marquées de hâchures losangées, ainsi que les pendants de la selle du cavalier qui sont trilobés. — Notre empreinte a été prise d'une charte de 1199, aux archives départementales, *Titres du Gard,* 520. Le même écu se retrouve sur les n°s 17 et 457 du même fonds.

Dans le n° 3, Gérard est sur un cheval lancé au galop. Sa cotte de mailles est très-visible. Son écu est *fascé de six pièces et entouré d'une bande.* — L'empreinte que nous reproduisons existe en la même collection, n° 181, sur un acte de 1238. Le graveur ne s'est pas rendu compte de l'emploi de son œuvre, de sorte que le personnage semble armé à gauche.

L'écu de Gérard étant, comme on le voit, tout différent de celui de son père, il nous paraît douteux que l'un ou l'autre ait porté des roses sur la bande, ainsi que le dit De Court, car cela ferait supposer deux modifications par trop rapprochées. Nous croyons plutôt que l'addition des huit roses fut une brisure adoptée par un membre puîné de la famille. En effet, nous voyons « Jehans de Pinkeigny, sire de Saint-Win, » sceller de ce sceau un acte daté de « l'an de grace mil trois chens et vint et deus, le ventredi « prochain après le Toussains, » par lequel, en recevant de l'évêque d'Amiens quatre cents livres parisis, il se reconnaît « devenus homme liges de bouque et de mains « et entrés en l'ommage lige et en le feuté de Mr l'évesque, « en le présence de noble homme Mons. Guerart de Pinkei-

« gny adont men chief seigneur... » Ce dernier était tuteur de Marguerite. (Voyez Archives départementales, *Titres de l'Évêché,* carton 3e, A. 13.) Ce même sceau est figuré en Duchesne, *Maison de Châtillon,* p. 314.

Le n° 4 nous montre le sceau du vidame Jean, d'une conservation parfaite et d'un travail extrêmement soigné. C'est ce qui nous a engagé à le reproduire ici, quoiqu'il ne présente rien de particulier dans l'écu. Seulement, on remarquera sur trois fasces alternées et sur les vêtements de l'homme et du cheval les hachures losangées signalées au n° 1er, et les feuilles d'ache qui parsèment le sceau. Le contre-scel (n° 5) est enfermé dans un gracieux quatre-feuilles, dont les nervures portent des feuilles de chêne et, à leur jonction, se terminent en un gland. — Ce sceau fait partie de la collection du musée d'Amiens et figure dans son catalogue sous le n° 10-4°.

Le sceau losangé n° 6 est celui de Marguerite de Picquigny, parti de Picquigny et de Noyers *(d'azur, à l'aigle d'or).* Il est entouré de quatre sceaux, dont celui de son premier mari, Raoul de Roucy *(d'or, au lion d'azur),* et peut-être de celui de Châtillon, à cause de son aïeule. De petits cercles dans lesquels sont figurés ici un griffon, là des oiseaux, nous paraissent mis entre les écus comme simple enjolivement. Chacun des sceaux qui entoure celui de la vidamesse est placé sous un arc ogival tréflé. On remarquera dans l'exergue cette expression : *vidamimesse.* — Notre dessin est pris d'un titre daté du « jour de le Magdelene, l'an de « grace mil trois chens trente et chieune, » par lequel Gaucher et Marguerite déclarent que par-devant eux Willames de Maisières a vendu une rente à Jehan Lefeuvre, seigneur du Maisnil-Eudain, leur bailli. Une clause de cet acte indique que Jeanne de Bourgogne, mère de Marguerite, vivait encore. (Voyez *Titres du Gard,* 617.)

Nous donnons, sous le n° 7, le sceau d'Ailly, tel qu'il était primitivement, c'est-à-dire sans l'*alisier* dans l'écu. Mais un lion porte une branche d'alisier et de ses deux pattes soutient l'écu couché, sur l'angle duquel repose le heaume surmonté d'une queue de paon. C'est le sceau de Bauduin (Baujoys); il est tiré d'une sentence rendue en son nom et au nom de sa mère, Marguerite de Picquigny, par les hommes-liges du château de Picquigny, le 10 août 1389, pour confirmer une fondation faite en la collégiale de Saint-Martin par Jehan Piedeleu, bourgeois d'Amiens. (Voyez *Titres du Chapitre*.)

Faisons remarquer que, d'après Pagès (t. IV, p. 258), ce n'était point l'*alisier* qu'on a ajouté sur le champ de gueules qui faisait un rébus et des armes parlantes aux d'Ailly, mais bien l'*échiquier* du chef. Voici, du reste, comment il s'exprime : « Il faut remarquer... l'erreur que l'on a faite
« et que l'on fait encore tous les jours... que c'est ce chef
« échiqueté qui rend ces armoiries équivoques, parce qu'il
« représente en quelque façon et manière les mailles d'un
« filet à pescher ou à prendre des oiseaux, que l'on nomme
« un *allier*; cependant ceux qui n'ont pas fait cette ré-
« flexion, sçachant d'ailleurs que cette noble famille avait
« armes parlantes, et voyant le *gueules* du champ damas-
« quiné en quelques endroits, comme le sont la plupart
« des anciens écus peints sur le verre, ont pris cette
« damasquinure pour des branches d'alisier qu'ils ont faites
« de pourpre, parce que cette damasquinure estoit d'un
« rouge un peu clair, estant la coutume de diaprer de la
« même couleur mêlée d'un peu de blanc pour la rehausser
« et pour la faire paroistre. Ceux qui n'ont voulu que ces
« branches fussent de pourpre les ont faites d'argent, et
« aujourd'huy cette armoirie est chargée, en quelques
« endroits, de ces deux branches pliées en couronne ou

« passées en sautoir, qui la rendent moins belle qu'elle
« n'estoit auparavant. »

Tous les dessins de notre planche sont de grandeur exacte.

Il existe encore au Musée plusieurs autres sceaux de Picquigny, remarquables pour leur conservation.

---

§ II. — NOTES CONCERNANT L'ÉGLISE ET LES INSTITUTIONS RELIGIEUSES

₊

(Page 12.)

10. — Que les barons de Picquigny aient voulu, par piété, soumettre leur fief à l'église d'Amiens et aux reliques de saint Firmin, cela n'a rien d'étonnant quand on se rappelle la dévotion profonde des habitants de la Picardie envers leur premier apôtre, et surtout l'impression extraordinaire produite par les miracles accomplis lors de la translation de ses reliques : la guérison subite du sire de Beaugenci, la floraison des arbres sur le chemin de Saint-Acheul, la double récolte, etc. A cette dernière occasion, nous rappellerons qu'à la fin du siècle dernier vivait encore cette curieuse et ancienne coutume qui depuis a disparu : on vendait à Amiens, pendant la fête de la translation des reliques de Saint-Firmin, au mois de janvier, une espèce de pâtisserie marquée de vingt-cinq petits ronds, qu'on criait par les rues sous la dénomination de : *vingt-cinq pains pour un liard !* (1). C'était un souvenir en action de cette abondance qui avait été telle en Picardie

---

(1) *Mémoire pour Calmer*, 3 mars 1779, p. 106, dans le recueil cité relatif au procès de mouvance.

que, pour la plus petite pièce de monnaie, on pouvait se procurer une grande quantité de pain.

*
* *

(Page 100.)

11. — La collégiale de Saint-Martin était depuis longtemps riche en reliques, en vases sacrés et en ornements sacerdotaux, ainsi qu'on le voit au titre de fondation de la trésorerie de 1303. Un inventaire, fait au milieu du xve siècle, nous donne à cet égard de curieux détails que nous sommes heureux de reproduire :

« INVENTOIRE des reliques et joyaulx appartenant à l'esglise de Saint-Martin située en la basse court du chatel de Pinquegny, prins en icelle par le conseil des doyen et chapiltre et aussy de Mess. Robert De le Motte, thésaurier de lad. église, appellés aucuns dez capellains d'icelle église et transportés en la ville d'Amiens, pour ce que la garde du chatel d'icelle ville estoit mise en la main du Roy et en la garde de Monseig^r de St-Pol, connestable de France, et noble et puissant seig^r Monseig^r Jehan d'Arly, vidame d'Amiens, patron dicelle église, *absent*, à l'occasion de laquelle chose pour ce que plusieurs gens de divers et estranges pays estoient commis à la garde dud. chastel (1) soubz ung nommé Phelippe de Pernes, povoit avoir aliénation et perte desd. reliquez et joyaulz et de plusieurs ornemens cy après déclairiés. Lad. inventaire et transport fais de lad. église l'An Mil iiij^e lxvij, le xiiij^e jour de septembre vigille de la feste Sainte-Croys ; présens ad ce Loys Poulain lors doyen de lad. église, messires Nicole Brunel, Guillame Dufour, chanoinnes, Robert De le Mote,

---

(1) Dans cette pièce, un certain nombre de mots offrent des variantes orthographiques que nous avons respectées.

thésaurier, Jehan Maraine, Jehan Bliaud, prestres et chapelains d'icelle église.

Primes. Une couronne. Dessus le cercle a quatre fleurs de lys là où a pluseurs pierres et perles semés tant ou cercle comme esd. fleurs de lis, et en icelle a oud. cercle encassé une des espines de la couronne de Notre-Seig^r.

Une ymage de Notre-Dame d'argent, à ung chappel et couronne dorés, en la main sénestre de la pourtraiture du filz une petite pomme à une croisette d'argent dorée dessus et en la main dextre une relique oblongue dorée par le baton dess. en la main, et au-dess. une petite feulure *(bouquet de feuilles?)* aussy dorée; et est led. ymage à ung grand piet quarré et doré.

Ung vassel d'argent vitré à quatre pilers entés à carnières et ung... pié plat et ront d'argent et au milieu une rose à six petites eslevées *(saillies, pétales en relief)* et se sépare led. pié du principal vassel, ou quel vassel a du mantel St-Martin.

Ung vassel à mestre aulz grans doubles et cuevrer *(couvrir)* sur le grant autel le *corpus domini*, et est de cristal à quatre pillers d'argent doré; au des. dudit cristal a ung pié d'argent doré ou fons duquel est paint l'ymage St Martin partissant son mantel et entre lesd. vassel et pié a une pomme à six petis' losenges eslevés esquelles sont paintes les armes de Pinquegny et y a trois chainnettes d'argent à pendre led. vassel et dedens ung cercle plat perforé et sur icelluy deulz anglez, ung verge d'argent à manière de croissant cave pour mettre *corpus d^{ni}* et tout dorés.

Une ymage de la Magdalaine à ung pié quarré doré par bas ou milieu et en hault, à une faille *(sorte de voile)*, esfeulée *(à feuilles, festonnée?)* et ung diadème sur le chief, en sa main sénestre ung tableau d'argent doré à trois pillers des. en feuleures *(feuillage?)* et escript dedens : *dens beate Magdalene* et *de sancto Lazaro*, et en la main dextre une boitte dorée.

Une petite ymage de saint Vincent d'argent doré figuré en forme de diacre, et en ses mains ung plat d'argent doré ou quel est le dent de Mons. saint Vincent à trois petis piés dessoubz et une clervoye entre lesd. piés et l'ymage.

Ung bras d'argent doré en hault en bas et ou puigniet et es dois indice et *medio* deulz aigneaulz d'or et en ichelui de indice ung balet *(balais, sorte de rubis)* et de l'autre la pierre est chute, et dedens sont enchassés les os du bras de Mons. St George, lesquelz on voit par ung petit de vourt *(un peu de verre)* enchassé, à deulz carnières d'argent doré.

Une petite ymage figuré en forme d'esvesque *in pontificalibus* à trois petis piés d'argent doré dessoubz une clervoye et en ses mains tient une boitte en laquelle est le dent de Mons. St Mor et au pié sont figurées les armes de Pinquegny my-parties.

Une autre petite relique d'argent doré a une pomme entre le pié et le relique encassée en roulet blanc vestu de cristal dessoubz l'ymage de la Passion et l'abre fait en forme de arbre brisée à neulz et est escript à ung lez du bras : saint Eutrope et a l'autre lés le jointe *(main)* saint Yves.

Une petite relique d'argent à pié plat et la relique encassée en cristal à deulz petis pilers d'argent à carnières et une petite pomme dessus dorée.

Deulz petites buirettes d'argent sur l'une emprainte X (1) en asur et le champs d'or.

Ung calice a platine *(patène)* d'argent doré hault assis ;

---

(1) Ce caractère, dont la forme nous a paru douteuse, pourrait bien être le monogramme du Christ.

ou pié figure l'ymage saint Martin sans couleur, une pomme entre le vassel et ledit pié, en la quelle pomme a huit roses paintes en asur sur argent eslevé de lad. pomme et en la platine a une main.

Ung calice d'argent doré partout à ung grant pié plat et entre le coupe et le pié une pomme à fleurs et trois... et dedens une petite cuilier d'argent, et ou fons de la platine une main, trois dois longs et les deulz aultres serrés, et est la coupe bien plate.

(Il est demouré à l'église (1).

Ung calice d'argent doré à ung grand pié plat sur lequelle est figurée sans couleur une Magesté et entre le pié et le coupe et la pommes sont paintes les armes de Monsieur le vidame d'Amiens et de Pinquegny, et en la platine est figurée sans couleurs une Annonciation et appartient à la chapele de Mond. s^r le vidame.

(Lequel calice Monseigr Jeh. d'Ally a en sa main.)

Ung aultre calice d'argent doré par dedens la coupe, les bors du pié plat et la pomme d'entre le coupe et le pié, et sont empraintes vj fleurs de liz et une crois au pié et une crois dorée dans le platine.

(Il est aussi demouré à l'église.)

Une pays *(paix)* d'argent en laquelle est figurée l'ymage de saint Martin en or et en asur soubz une arche et deulz angles tenant deulz encensiers.

Ung sellet d'argent à ung ansse tenant à deulz oreilles faittes en forme de teste de lyon doré par les bors, hault et bas, et ung bouffel d'argent ou bout duquel est une rosiette plate dorée.

---

(1) Cette phrase et les autres reproduites entre parenthèses ont été écrites sur le manuscrit original en regard du texte, probablement en 1470, lorsqu'on fit un récollement avant l'envoi du trésor à Amiens. (Voyez p. 170.)

Deulz encenssiers d'argent, chacun à trois cainnettes d'argent et deulz aneaulz rons tenant ausd. cainnettes.

Deulz crois d'argent doré là où est la figure de la Passion et derrière la teste une croys en ung cercle, et au quatre bous de lad. Passion de ung costé et à l'autre les quatre euvangélistes en forme *hominis, vituli, leopardi* et *aquile*, deulz chandelliers d'argent en platine hault et bas et entre le hault et le bas trois pommes et ou pié bas est figuré l'ymage St Martin autresfois en asur qui est ung peu cassé.

Deulz couvertures d'argent dorés entre lesquelz autresfois estoient le texte des épistles et eslevées les ymages sur ung texte sains Pierre et sur l'autre sains Pol et sont semées en losenges les armes de la Freté, et tiennent ensamble deulz aultres toutes pareilles au dessusd., excepté que sur l'une est la Passion et les ymages N^{re} Dame et St Jehan eslevés et en l'autre une magesté à trois euvangélistes à trois cornes et l'autre est perdue.

Deulz plas d'argent dont l'un a ung biberon pour laissier lyaue et elz fons de tous deulz est painte en asur l'ymage de St Martin.

Une bourse carrée broudée d'or de Chipre et sur ung chacun costé cinq chines *(cignes)* eslevés de perles et tout à l'entour semée de cloques d'argent doré, cincq plus grosses que les aultres et dedens une chainture a blouque et mordant d'argent assys sur ung tissu de soye vermel, en laquelle est encassée de la chainture de Ste Marguerite.

(Nota que les cloquettes furent prises pour renforcher ung calice d'argent.)

Ung messel escript en velim enluminé d'or enchanpy à deulz cloans *(fermoirs)* d'argent et se commence ou second feullet en la première ligne : *Adventum, purificatis* et ou pénultime feullet escript... *tu... nobis.*

Ung petit livret à deulz cloans d'argent armeurés des armes d'Arly et dedens est escript le service de S⁺ Yves.

Une robe longue à usage d'omme de drap d'or brocardé d'or, le champ d'or et or sur or figuré de cramoisi à feulles et rosettes.

Une autre robe de pareil drap courte à usage d'omme et manches à longues quentières *(pendants à pointes)*, toutes les deux selon le façon ancienne.

Deux quartiers d'une robe à usage d'omme de drap d'or en champ de veloux... brocardé d'or.

Deux manches d'icelle robe longues à quentières de pareil drap.

(Elles sont employées en cappes.)

Trois quartiers deux derrière et l'un de devant de drap pers *(bleu)* de Damas figuré de feules de quesne d'argent employé en une casuble.

Deux manches d'icelle robe grandes, de pareil drap.

Une doublure d'un manteau de drap de Damas blanc figuré.

Ung drap d'or en champ de pers semés de fleurs de lys et couronnes à trois rosettes dessus yssans *(sortant)* par ung ramsseau *(rameau)*, employé en une chappe.

Deux quartiers d'une robe à usage d'omme de veloux noir de tiers poil, et une autre pièce dud. drap, prins du dessoubz des deux autres quartiers de lad. robe.

Ung drap de soye de pers figuré dessus de oyseaulx d'or de Chipre atourés de fleurs, employé en une chappe.

Une chappe de drap de cramoisi figurées de grans feules de quesne d'or de Chippre, et ou capperon est figurée une Annonciacion.

Deux cappes de drap d'or cramoisi figuré de feules de quesne yssans à trois feules d'une arbe tronqué et tout d'or, les offroys figurés de ymages composées et ou chapperon de le chappe l'ymage de S¹ Martin partissant son mantel.

Une casuble blanche de champ, batu tout à or, et es offroys semés par losenges de fleurs de lys (1).

Une casuble, une tunique, une dalmatique, six paremens pour trois aubes devant et derrière, deux estoilles, trois phanons *(manipules)* el parement de trois amis *(amicts)* tout de pareil drap cramoisi semé de treples feules d'or de Chipre yssans d'une tronche noyeuse *(noueuse)* et es offroys desd. cappe, tunique et dalmatique sont figurés et armorié les armes de feu Monseig¹ Raoul d'Ally et Madame Jaqueline de Béthune femme dud. seig¹.

(Signé :) L. POULAIN, — N. BRUNEL, — G. DUFOUR, — R. DEMOTTE *(sic)*, — JEH. MARAINE. » *(La signature de J. Bliaud a disparu sous une tache d'encre.)*

A la marge de la dernière page on lit:

« Le ix⁰ jour de juing mil iiij ᵉ lxvIij prins es coffres de ce présent Inventaire deux crois, deux aunussières, li vassel au *corpus d*ⁿⁱ, etc. »

« Le xvj⁰ jour de septembre oud. an furent rapportés et inclus es coffres etc. »

A la marge de la seconde page on lit cette autre mention, qui atteste un nouveau déplacement du trésor du chapitre (2).

« *Le xix⁰ jour de Décembre l'an mil iiij ᵉ lxx cest présent coffre et ceste Inventaire furent renvoyés Amiens du consentement de Messires du capille de Pinquegny présens ad ce Loys Poulain doyen, messire Nicolle Brunel, Mess. Guill⁰*

---

(1) Ce sont les armes de la maison de Saint-Valery.
(2) Voyez p. 56 et 57 à quels dangers il s'agissait de soustraire ce trésor.

Dufour, mess. Baug^t Leboucher, chanoines de lad. église, et ce firent pour le péril éminent des guerres dont chacun redoubtoit. »

Cet inventaire est écrit sur une feuille de papier (1). Il fait partie des titres de Saint-Martin qui existent aux Archives départementales.

§ III. — NOTES CONCERNANT LES ÉTABLISSEMENTS CHARITABLES.

.•.

(Page 112.)

12. — Pendant le siège d'Amiens, en 1597, Sully voulut que les malades et les blessés de l'armée fussent déposés en l'hôpital de Picquigny. Ils y furent si bien soignés, dit Pagès (tome IV, p. 162), que plusieurs personnes riches et de qualité s'y firent transporter, pensant qu'elles y seraient mieux traitées que dans Paris.

.•.

(Page 116.)

13. Extrait de l'inventaire des archives de l'hospice (2).

Série A. — Titres de fondation de l'hospice, etc.

A. 1. — Deux brefs du pape confirmatifs de l'hospice. 1133, 1145. — Arrêt de Louis XIV qui rétablit l'hospitalité et unit à l'hôtel-Dieu de Picquigny les biens de diverses maladreries. 1695.

II. A. 1. — Confirmation par Enguerran de Picquigny de

---

(1) Dans la pâte du papier est tracé un écu dont le champ porte une fleur de lis. Il est surmonté d'une croix où sont fichés les trois clous de la passion.

(2) Cet inventaire et celui des Archives municipales (note 15) sont en triple copie, dont l'une est restée aux Archives du lieu, une autre en celles du département, et la troisième en celles du ministère de l'intérieur.

la fondation de Temfol. 1205. — Sentence, oppositions, arrêt concernant l'administration de la léproserie par les échevins. 1644, 1675.

III. A. 1. — Prise de possession de la maladrerie de Saint-Sauveur par l'ordre du Mont-Carmel. 1673.

Total des pièces de la série : 24.

Série B. — Titres de propriété des biens, etc.

B. 1. — Contrats d'acquisitions, échange, lettres de saisine, déclaration d'amortissement, plan, procédures. 1534, 1707.

B. 2. — Bail à cens, reconnaissance de vente, quittances de prix, transaction. 1716, 1768.

B. 3. — Confirmation par E. de Picquigny d'une donation de blé faite par Garin de Bougainville. 1214. — Reconnaissance par Mathilde de Yseu de la donation d'une pièce de terre faite par son mari, Hugue de Saint-Pierre. 1267. — Donation, saisine, etc., de biens à l'hospice. 1712, 1713.

B. 4 et 5. — Baux des biens sis à Picquigny, Breilly, Fluy, Haineville, Seux, Saint-Pierre-à-Gouy, Saisseval, etc. 1552, 1788.

B. 6. — Constitutions, reconnaissances et transferts de rentes, notamment par messire Colonne du Lac, prieur de Saint-Pierre-à-Gouy; transactions y relatives. Bail à fief et inféodation des bois de Temfol et du bois du Four à Molliens-Vidame. 1580, 1788.

B. 7. — Enquêtes et autres pièces relatives aux droits de champart, cens et censives dus à l'hospice. Mémoire à consulter contre quatre-vingts fermiers se refusant au paiement de ces droits. 1580, 1719.

B. 8 et 9. — Aveux et déclarations. États et cœuilloirs, etc. 1576, 1771.

B. 10 (Registre). — Indice des mouvances de l'hôtel-Dieu

pour les terres de Picquigny, La Chaussée et Molliens-Vidame, 1770.

B. 11 à 17. — Procédures relatives aux mouvances et aux droits seigneuriaux, ou aux rentes, fermages et résiliations de baux. Observations sur l'état des revenus et affaires de l'hôtel-Dieu. 1537, 1783.

B. 18. — Sentences contre Jean de Longueval, seigneur de Fourdrinoy et autres. 1519, 1599.

II. B. 1. — Donation par Enguerran, chevalier d'Oiscy, à la léproserie de Tanfol. 1208. — Autre par R. Carpentier. 1234. — Notoriété concernant la donation faite par les père et mère de Hélaine Laurence, femme Dutilloy, déclarée solliciteuse de la maladrerie. 1552. — Bail à cens au profit de Houge de Kevauviler. 1277.

II. B. 2. — Procédure contre les habitants de La Chaussée qui prétendaient faire admettre une lépreuse à Temfol. 1510 et 1511.

II. B. 3. — Procédure contre un religieux du Gard soutenant que Temfol était un bénéfice ecclésiastique. 1632 et 1633.

IV. B. 1. — Vente des bois et prés d'Ascon par Enguerran de Sessolieu à la maladrerie d'Amiens. 1241. — Visite desdits biens. — Consultation, projet de requête et arrêt qui prononce l'union de la maladrerie de Saint-Vast à l'hospice de Picquigny. 1681, 1695.

Total des pièces de la série : 2,004.

Série C. — Matières ecclésiastiques, chapelle, etc.

C. 1. — Nomination de chapelain. — Réunion des messes des maladreries annexées. — Confirmation de la fondation de la chapelle. 1215, 1702. — Traité entre les chanoines de Picquigny et les échevins, le maître et les frères et sœurs de l'hospice, relatif aux prébendes. 1278. — Autre pour la fonte d'une cloche. 1704. — Fondation de messes, etc. 1554, 1689.

II. C. 1. — Procuration par le maître et les frères de Tanfol pour suivre contre Mathieu de Chamons. 1286. — Provisions de bénéfices. Quittances de cens. 1614.

Total des pièces de la série: 39.

Série D. — Archives de l'hospice, inventaires, etc.

D. 1. — Sentence, assignation, requêtes concernant la remise des papiers de l'hôtel-Dieu et des maladreries y annexées. — État des papiers, etc. 1592, 1770.

D. 2 à 6. — Inventaires des titres. 1599, 1770.

Total des pièces de la série : 21.

Série E. — Administration de l'hospice, comptes, états du mobilier, etc.

E. 1. — Sentences du bailli de Picquigny et de celui d'Amiens qui maintiennent les échevins dans l'administration de l'hospice. 1477, 1622. — Copie d'un arrêt du grand-conseil concernant l'administration des maladreries de Domart et de Poix. Requête pour proposer au duc de Chaulnes le titre d'administrateur perpétuel, etc. 1622, 1695.

E. 2 à 4. — Comptes des receveurs. 1562, 1790. — Comptes des censives dues à l'hôtel-Dieu, énonciation des aveux, etc. 1747, 1750.

E. 5. — État des titres de Temfol, des meubles de l'hôtel-Dieu, de quittances produites au roi de Navarre, etc. 1606, 1734.

E. 6. — Devis de travaux et plans pour la reconstruction de l'hospice. 1697 et 1698.

E. 7. — Registre aux délibérations des administrateurs. 1698. — A la suite, se trouve un état d'entrées et de sorties des malades. 1711, 1718.

E. 8. — Livre-journal. 1776, 1802.

E. 9. — Déclaration qu'un habitant de Picquigny est atteint de la lèpre. 1442. — Autre que le curé du lieu ne l'est pas. 1492. — Ordonnance de paiement à un solliciteur-lépreux, etc. 1641.

II. E. 1. — Compte de la léproserie. 1315. — Traité pour l'admission d'un lépreux. 1515. — Sentences pour l'entretien d'un lépreux. 1549, 1575. — Autre pour la jouissance du revenu de Tanfol, etc. 1598.

Total des pièces de la série : 165.

Série F. — Admission des malades, service intérieur, etc.

F. 1. — Lettres par lesquelles le roi pourvoit de l'administration de l'hôtel-Dieu la sœur Anne de Licques. Traité avec elle et pièces y relatives. 1555 et 1556. — Révocation de la sœur Desfontaines, etc. 1669 et 1670. — Accord avec la sœur Delafosse. 1711. — Instructions pour l'admission des militaires malades ou blessés ; tarif des retenues. 1758 et 1759. — Mémoires à consulter sur l'admission en l'hôtel-Dieu soit de religieuses hospitalières, soit de filles de Saint-Charles.

Total des pièces de la série : 10.

Série G. — Papiers des institutions succursales, etc.
Néant.

Série H. — Correspondance et papiers divers.

H. 1. — Ordonnance de Charles IX sur la déclaration à faire des biens de main-morte. 1573. — Lettres-patentes de Louis XIII sur le même objet. 1633. — Arrêt du Conseil d'État qui taxe les gens de main-morte. — Opposition par les mayeur, échevins et habitants de Picquigny et requête au roi, pour être rayés du rôle, etc. 1673 et 1674. — Édit de désunion de 1693.

Total des pièces de la série : 15.

(Page 123.)

14. — L'un des documents les plus curieux que nous aient fournis les Archives de Picquigny est sans contredit le compte du receveur de Temfol que nous allons copier. En nous faisant connaître les diverses natures de recettes et de dépenses de la léproserie, il nous donne le prix des denrées, celui du loyer des domestiques et des ouvriers, ainsi que la valeur de beaucoup d'objets usuels.

Ancien compte de la léproserie.

« Rechoite des biens de le maison de Tanfol par le main Renaut Lebideus, depuis les octaves de le candelier *(Chandeleur)* l'an mil ccc et quinze.

Primes. Rechut de blé qui estoit demourés en grenier de l'anée pardevant chesti *(celui-ci)*, iij muis et viij ras *(rasières)*.

De che vendi v ras, par cascun ras vj s., valent xxx s.

Et despendu *(dépensé)* depuis les octaves dessus dis duskes *(jusques)* à le Trénité après ensivant des gens de le maison et des ostes et passans ij muis et xv. ras.

Item. Il en a encore en grenier xij ras.

Somme de tout le blé. iij muis et viij ras.

.I.   Somme de le vente du blé xxx s.

It. rechut d'avaine qui estoit demourée en grenier l'anée pardevant, ix muis et demi.

De ché semé iiij muis et xiiij ras.

Et paiié à Saro le Bourgueignonne viij ras con li devoit, dont fai conte en le vente de l'avaine en l'anée pardevant.

Et vendu xxiiij ras, cascun ras. xxvij d, valent liiij s.

Et sen ont meigiue *(mangé)* li keval *(le cheval)* et li pourchel *(le porc)* et les autres bestes de le maison depuis le terme dessus dit duskeu à le Trénité en sivant ij muis et xviij ras.

Item. Il en a encore en grenier xx ras.

Somme de toute l'avaine ix muis et demi.

.II.   Somme de l'argent de l'avaine liiij s.

It. rechut x ras de pois quic estoient demouré l'anée devant en grenier.

De che semé vij ras et demi.

Et despendu ij ras et demi.

It. p^r v boistiaus de canewis *(chenevis)*, ij s vj d.

It. rechut pour beures et froumages, xiiij s.

It. pour xix ras de cauch *(chaux)*, v s.

It. de me sire Raoul pour arer *(de arare, labourer)* v. journeus de compos *(jachère)* xxx s.

It. du dit me sire Raoul p^r karier *(charrier)* pierres, x s.

It. de Willaume Lefevre p^r xij aunes et iij qartiers de drap que nous eusmes en paiement de ix ras et demi de blé que il nous devoit de l'anée pardevant, pour cascune aune iiij s vj d et li blés fu prisiés cascun ras vj s., monte à lvij s.

It. de Jeh. Boulet pour arer ij journeus de terre xij s.

It. pour un keval, ix s.

.III.   Somme ix lb *(livres, de libra)* vij s vj d.

.IIII.   Somme de toute le rechoite xiij lb. *(livres)* xj s vj d.

Mise de le recholte desseur dite par le main dudit Renaut depuis les octaves de le candelier l'an Mil. ccc. xv.

Primes. p^r cauper *(couper)* et manouvrer *(travailler)* ij journeus de bos : xxix s.

It. pour iij lanternes xv d.

It. p^r faire une cotele et 1 cotron avoec le maistre xij d.

It. à Baudelot p^r mesurer grain à pluisieurs fois. v d.

It. p̄ semer lxxv. journeus de mars ix ˢ iiij ᵈ. o/ *(obole, c'est-à-dire demi).*

It. p̄ une panetière à metre pain viij ᵈ.

It. p̄ livre et demie de file p̄ atamer *(tisser)* toile. xij ᵈ.

It. as eskevins de Pink. pour le messaige *(la correspondance ?)* xviij ᵈ.

It. à Huet le lavedier p̄ couvrir lestaule *(l'étable)*, x ˢ.

It. audit Huet p̄ couvrir as autres maisons et torkier *(faire torchis, réparer au mortier)*, x ˢ.

It. à Jaket vallet de kerue *(charrue)*. xx ˢ vij ᵈ de sen loier.

It. p̄ demie lb. *(livre)* de porete à semer. ij ˢ vj ᵈ.

It. à Henriet de Sᵗ-Pierre p̄ fouir es courtins *(courtil, pré)*, iiij ˢ vj ᵈ.

It. à Marquet Burnele p̄ porées *(porreaux)* et j copon d'aus *(gousse d'ail ?)* ij ˢ vj ᵈ.

It. au cordier p̄ trois cordiaus et cavestres *(cordes)* v ˢ.

It. p̄ cresson une fois. iiij ᵈ.

It. p̄ unes cauches *(voyage ? de calceia)* avoec caufourier ij ˢ viij ᵈ.

It. p̄ porter amendement es gardins, vj ᵈ.

It. a ij fois p̄ pisson de douche yaue *(poisson d'eau douce)* xvj ᵈ.

.I.   Somme c. et iij ˢ. o/o/o/ *(c'est-à-dire trois oboles, ou un denier et demi).*

It. p̄ ij boistiaus de linnis *(lin)* a semer, xv ᵈ.

It. p̄ cresson à ij fois, iiij ᵈ et pour une fauchille iiij ᵈ.

It. p̄ espandre amendement, xvij ᵈ.

It. p̄ offrandes et confesses, xij ᵈ.

It. p̄ unes cauches avoec le maistre, iij ˢ vj ᵈ.

It. à Caliboche p̄ pierre con cut à li en lan Mil ccc. xiij. xvj ᵈ.

It. pr une coroie *(corvée)* avoec le caufourier vj ᵈ.

It. pr ij cachoires *(fouet)* à cachier les kevaus ij ᵈ et pour aus. ij ᵈ.

It. à me sire Raoul pr ij karees *(charrettes)* de faim *(foin)* xl ˢ.

It. à pluis. *(plusieurs)* femmes de Fourdinoy pr sarcler es courtins. xvj ᵈ.

It. pr anguiles le samedi devant lascencion, v ᵈ.

It. au caron *(charron)* de Pink. pr ouvraige de caronnerie xxxiij ˢ iij ᵈ.

It. pr blanc pain prins à pluis. fois à Jehan Boulet ix ˢ.

It. pr sarcler es courtins poret et euliete *(œillette)* à pluisieurs femmes, iij ˢ ij ᵈ.

It. pr semer waude *(guède)* ij ˢ, et pour poivre ij ᵈ.

Pour une porée de planchons, iij ᵈ.

Pour couvrir de tuille à le sale et à le grange, vj ˢ.

It. pr les despens du maistre qui fu à Abevile pr vendre un keval et pr les despens du keval. xviij ᵈ.

It. pr une paiele *(grande jatte)* de terre et cauestes *(cruches)*. vj ᵈ.

It. pr parkemin et escripture, x ˢ.

It. on doit audit Renaut du conte devant chesti lxxiiij lb. 1 ˢ vj ᵈ.

.*II*. Somme ix lb. *(livres)* xj ˢ ix ᵈ.

.*III*. Somme de toute le mise xiiij lb. xiiij ˢ x ᵈ. ob.

Ainsi demeuré par chest conte rabatu rechoite contre mise con doit audit Renaut xxiij ˢ iiij ᵈ. »

Au revers, on lit: « chest del an xv. »

Nota.— Ce compte est sur une bande de parchemin de 0ᵐ,75 sur 0ᵐ,18. Assez bien conservé. Bonne écriture. Il se trouve dans les Archives de l'hospice, II. B. 1.

(Pages 114 et 124.)

15. — De nombreux abus s'étant glissés dans l'administration des biens des hôpitaux et léproseries, dont les revenus étaient détournés de leur destination, Charles VI, François 1er, Henri IV et Louis XII tentèrent diverses réformes. Ils instituèrent les Chambres dites de réformation, qui furent chargées d'examiner les titres, de vérifier et régulariser l'emploi des deniers. Mais ces mesures restèrent inefficaces. Le mal était grand, il fallait appliquer un remède énergique. C'est ce que fit enfin Louis XIV par son édit et ses déclarations de 1693, qui, en rendant aux biens des hôpitaux et maladreries leur destination primitive, réparèrent ce qu'il y avait d'injuste dans son précédent édit du mois de décembre 1672.

§ IV. — Notes concernant la Municipalité.

(Pages 130 et 146.)

16. Extrait de l'Inventaire des Archives municipales.

Série AA. — *Actes constitutifs et politiques de la commune.*
Néant.

Série BB. — *Administration communale.*

1. — Installation de maire et d'adjoints. 1754. — Nominations de notables, d'échevins et de conseillers de ville. 1770 et 1771.

2 et 3. — Registres aux délibérations. 1760 à l'an vi.
Total des pièces de la série : 5.

Série CC. — *Impositions et comptabilité.*

1. — Signification des lettres du roi Jean pour le recou-

vrement des arrérages des aides et subsides, datées du 6 mars 1361. — Quittance aux habitants de Picquigny de 25 l. 7 s. 6 d. dus au roi pour droit d'aide. 1362. — Injonction auxdits habitants de fournir un homme pour la levée de cinquante mille hommes contre l'Empereur. 1551. — Quittances de leur part dans le solde de ladite levée. Mai et juillet 1552. — Autre injonction de fournir un homme pour la levée faite dans les villes closes, selon lettres-patentes du 17 novembre 1552. — Lettres d'exemption données par le duc de Vendôme, gouverneur de Picardie, pour la fourniture de chevaux et pionniers. Septembre 1552. — Injonction de payer. Décembre 1552. — Requêtes relatives à la taille et à la taxe des maisons. 1686, 1694. etc.

2. — Procédures concernant les droits seigneuriaux sur le vin. 1556. — Bail de ces droits. 1573. — Traité avec Françoise de Vuarty, dame de Picquigny, relatif à la perception desdits droits et à l'entretien des portes, murailles et fossés. 1574.

3. — Comptes des receveurs. 1686, 1771. — Injonction par la duchesse de Chaulnes aux maire et échevins de rendre leurs comptes. 1770. — Constitution et remboursement de rente. 1632, 1636. etc.

Total des pièces de la série : 117.

Série DD. — Propriétés communales, mines, etc.

1. — Transaction entre Antoine d'Ailly, seigneur de Picquigny, et les habitants du lieu, qui lui concèdent cinquante journaux de marais et auxquels il confirme le reste. 1543. — Déclarations par les habitants de Picquigny et de La Chaussée de leurs marais communs qu'ils possèdent en franc-aleu, 1634. — Autorisation par le vidame Jean de faire pont, catiche et voie pour accéder aux marais. 1272. — Demandes en autorisation de tourbage. 1600, 1697. —

Location de l'ancienne voierie des communes et emploi du prix en acquisition d'un fonds pour l'entretien de la maîtresse d'école. 1727.— Devis et adjudication des travaux pour reconstruction de la halle. 1687.

2.— Titres et baux des biens affectés aux écoles de filles et de garçons. Plusieurs plans. 1732, 1775.

3.— Pièces concernant un legs aux pauvres par M. Cottu, doyen du chapitre. 1699, 1722.

Total des pièces de la série : 100.

Série EE.— *Affaires militaires.*

1.— Lettres de non-préjudice par Marguerite de Picquigny aux habitants dudit lieu, pour travaux par eux faits à à la forteresse et aux fossés. 1346.— Entérinement d'autres lettres. 1358. etc.

Total des pièces de la série : 3.

Série FF.—*Justice, procédures, police.*

1 et 2.— Procédures pour saisie et concernant la taille. 1690, 1771.

3.— Autre procédure pour la taille.— Lettre de l'intendance relative aux fraudes auxquelles donne lieu la monnaie de billon, etc. 1670, 1771. etc.

Total des pièces de la série : 184.

Série GG.— *Culte, instruction, assistance publique.*

1 à 3.— Actes de naissances, mariages et décès de la paroisse. 1676, 1789.

4.— Observations et répliques sur la direction de la fabrique.— Inventaire des meubles de la fabrique.— Pièces relatives à l'appropriation d'une maison pour presbytère, à la construction d'une sacristie, à une difficulté avec le chapitre sur les réparations des voûtes du chœur de l'église, etc. 1667, 1731.

5.—Titres de fondations de rentes et d'obits. Pièces y relatives. 1635, 1742.

6.— Pièces de procédure et autres concernant les droits des curés dans la distribution des obits en la collégiale, la qualification à donner à l'église Saint-Jean-Baptiste. — Arrêt sur ce point, etc. 1644, 1753.

7.—Charte de fondation de la chapelle d'Ailly. 1257.— Bail à rente de la masure de la chapelle. 1715.—Union de cette chapelle à la paroisse Saint-Jean-Baptiste. 1702.— Baux des terres en dépendant.

8.— Confrérie du Rosaire : listes, délibérations. 1781, 1785.— Bureau des dames de charité dites de la Miséricorde : comptes. 1781, 1786.—Comptes de l'hôtel-Dieu. 1717.

9 et 10.— Comptes de la fabrique. 1568, 1785.

11.—États des meubles de l'école des filles. Cahiers de recettes des revenus de l'école. 1726, 1792.—Constitution de rente, bail, procédure, etc., concernant les écoles de charité. 1735, 1754.

12.—Pièces relatives aux biens des pauvres. Constitutions de rentes, etc. 1682, 1772.

13.— Pièces concernant des difficultés sur l'administration de l'hôtel-Dieu.— Copie de la charte de sa fondation. —Réponse négative par les habitants de Picquigny à une demande de participation au droit de chauffage, prétendue par les chanoines. État des charges imposées au fermier du chapitre, etc. 1215, 1721.

Total des pièces de la série : 399.

Série HH.—Industrie et commerce.

1.—Lettres de Henri III (juillet 1575) et de Louis XIII (janvier 1630), qui autorisent l'établissement de marchés à Picquigny.—Publication de ces lettres.—Entérinement au bailliage d'Amiens.— Quittance aux habitants de la somme taxée pour le droit de confirmation des foires et marchés, 1615.— Autre pour la finance de l'office héréditaire de juré-crieur. 1694.— Taxe du pain. 1643. etc.

Total des pièces de la série : 22.

Série JJ.— *Documents divers.*

1.— Vente d'un usufruit de biens immeubles par un particulier. 1266.— Notes et correspondance relatives à des affaires d'intérêt particulier. — Requête en autorisation d'ouvrir le coffre aux titres.— Cahier aux récépissés de pièces extraites. 1772, 1823.

2. — Testaments des particuliers reçus par les curés. Quittance d'amortissement, etc. 1665, 1742.

Total des pièces de la série : 39.

.˙.

(Page 131.)

17.— Quoi que nous ayons dit sur l'inopportunité de traiter en cette notice la question des *communaux*, son attrait nous ayant porté à de nouvelles recherches, nous croyons devoir ajouter cette note. Nous avons rencontré partout la confirmation de ce mode de propriété indivisible et inaliénable constaté par Frontin, sinon la reconnaissance d'un droit antérieur à la monarchie, car, pour les auteurs que nous allons citer, c'est là que tout semble avoir pris naissance. Pour nous, au contraire, les conquérants franks ont laissé les choses telles qu'ils les ont trouvées, comme les Romains l'avaient sans doute fait eux-mêmes.

Basnage (sur l'article 82 de la *Coutume de Normandie*, t. 1er, p. 136) reconnaît deux origines différentes aux biens communaux ; les uns proviennent d'un certain fonds laissé pour la commodité des habitants et pour la nourriture du bétail, et ont pris leur origine à la division des terres faite par les conquérants; les autres ont été baillés par les grands seigneurs soit en pleine propriété, à condition de les relever d'eux, soit pour l'usage seulement, eux demeurant toujours seigneurs très-fonciers. — C. de Ferrière *(Dictionnaire du droit,* au mot COMMUNES) dit que ces sortes de biens appartiennent à tous en commun et à personne en particulier; qu'ils ne peuvent être aliénés, ni partagés. — Quand les seigneurs ont voulu se séparer de leurs vassaux, on a fait une distinction que constate Denisart *(Collection de décisions nouvelles relatives à la jurisprudence,* au mot COMMUNES). Les paroisses, simples usagères, ont dû subir le partage des communaux, pourvu qu'il en restât assez pour l'usage des habitants et qu'il fût reconnu que la concession avait été, de la part du seigneur, gratuite, sans aucune charge de cens, redevance ou prestation. Quant aux autres paroisses, elles ne purent être contraintes au triage.

Cependant, soit par nécessité, soit par violence, beaucoup d'entre elles avaient été dépouillées, et Louis XIV dut porter remède au mal, en annulant les aliénations des communaux, par un édit donné à Saint-Germain-en-Laye, au mois d'avril 1667. Le préambule de cet édit rappelle assez bien l'origine des concessions, leur destination, l'illégalité de leur aliénation, leur envahissement à la commodité de chacun, etc. Du reste, en voici les passages les plus saillants : « LOUIS..; entre les désordres causés par la
« licence de la guerre, la dissipation des biens des com-
« munautez a paru des plus grands; elle a été d'autant plus
« générale que les seigneurs, les officiers et les personnes
« puissantes se sont aisément prévalus de la foiblesse des
« plus nécessiteux; que les intérests des communautez
« sont ordinairement les plus mal soutenus, et que rien
« n'est davantage exposé que ces biens, dont chacun s'es-
« time le maistre. En effet, l'on a partagé les communes,

« chacun s'en est accommodé selon sa bienséance... Aussi
« les communes qui avoient été concédées par forme d'u-
« sages seulement, pour demeurer *inséparablement attachées*
« *aux habitations* des lieux, pour donner moyen aux habi-
« tants de nourrir des bestiaux et de fertiliser leurs terres
« par les engrais et plusieurs autres usages, en ayant été
« aliénez... et comme l'amour paternel que nous avons
« pour tous nos sujets nous fait porter nos soins sur tout...
« Nous avons estimé que nous ne pourrions employer de
« moyen plus convenable à cet effet que celuy de faire
« rentrer les communautez dans leurs usages et communes
« aliénées... A ces causes... nous avons dit et ordonné,
« etc. » (1).

§ V. — NOTES DIVERSES.

(Page 98.)

18.   **Crypte sépulcrale et autre.**

Le caveau sépulcral des vidames d'Amiens violé à la révolution était depuis resté fermé, lorsque, en 1842, trois membres délégués par la Société des Antiquaires de Picardie le visitèrent. Il fut fermé de nouveau pour ne se rouvrir que le 6 juin 1860, en notre présence, sous la bienveillante direction de M. le curé-doyen. Rien n'y est pour ainsi dire changé : les corps embaumés des barons de Picquigny sont toujours là gisant sur le sol humide où les ont jetés des mains fiévreuses. Ils attendent une réparation, une nouvelle sépulture que de pieuses mains ne tarderont point à leur donner, afin de les soustraire à de nouvelles profanations

---

(1) *Recueil des lettres-patentes, édits, etc., lesquelz ont été registrez en la cour du Parlement de Rouen, depuis* 1660.

possibles. Mais leur décomposition qui était presque nulle en 1842 se manifeste aujourd'hui très-visiblement : les chairs, dures naguères comme du cuir, se sont amollies ; les cheveux, encore adhérents alors, se détachent des crânes ; il en est de même de la barbe ; les suaires tombent en poussière au simple toucher. Quelques débris de planches pourries, des clous, deux ou trois équerres en fer, sont tout ce qui reste de ces solides cercueils de chêne qu'enveloppaient jadis de riches robes de plomb brisées et fondues en 1793.

Après un triste regard jeté sur ces ruines des grandeurs humaines, nous avons, à la lueur vacillante des bougies, recherché sur les murailles de la crypte les inscriptions signalées au rapport que fit la commission dont nous venons de parler, par l'organe de M. Garnier. Elles s'y lisent toujours. Les noms des seigneurs écrits à la pierre noire, en caractères du temps, désignent, croyons-nous, les places nouvelles données aux cercueils en 1682. La même main a tracé sur le mur un cintre qui indique un projet de travail non exécuté. Quant aux dates jetées çà et là (1646, 1657, 1682, 1698), elles marquent toutes sans doute des époques d'inhumations diverses. Constatons les deux plus importantes : celle de 1698 rappelle l'inhumation de Charles d'Ailly, duc de Chaulnes, ancien gouverneur de Bretagne, mort, comme nous l'avons dit, le 4 septembre de ladite année. Celle de 1682, que l'on trouve en entrant à gauche, ne se borne pas à un chiffre. En voici le texte littéral que nous avons cru devoir rapporter en entier :

« Piere Lamoury est Charles Montigny est chacun leurs garçon
« ont remy tout les corps quy sont icy descur les gantiers, dans le
« temps que l'on a mis monsieur le duc de Chaulne, maréchal de
« France, et madame sa femme, quy fut my le 5me may 1682, dans
« le temps que monsieur Philipe estoit sacristin de cest esglise, et

« Claude Caron, le nepveu dudict sieur Philipe, quy servoit dans
« l'esglise S¹-Martin de Picquigny. »

Dans la même église, derrière les fonts baptismaux, se trouve l'entrée d'une seconde crypto bien plus belle et plus ancienne, si ancienne même qu'elle pourrait être antérieure, dans certaines parties du moins, à la fondation primitive de l'église qui remonte au xi⁰ siècle. Elle a été aussi décrite par le rapporteur de la commission. Les inscriptions qu'il a relevées sont bien conservées. L'une d'elles est sur le pied-droit d'une porte cintrée, par laquelle autrefois on accédait du château dans la crypte, en caractères du xiii⁰ siècle, et ainsi conçue : « *Robertus rex. M. VI. fames magna.* » L'écu fascé de Picquigny est gravé à côté du mot rex. — Sur ce même mur du fond, à droite de la porte, nous retrouvons, dans une autre inscription, le maçon Charles Montigny ouvrant cette crypte pour y cacher les objets précieux du chapitre, à cette époque où la reddition d'Aire aux armées alliées contre la France, après une longue et héroïque résistance (8 novembre 1710), venait de jeter la terreur dans tout le pays environnant. Voici cette inscription curieuse à plus d'un titre.

L'AN 1710, AV MOIS DE NOVEBRE, CETTE CAVE DONNÉE CY-DEVANT AV CHAPITRE PAR LES SEIGNEVRS DE PICQVIGNY, AVEC LE PVITS Y ATTENANT, SVIVANT LE TITRE QUI EN EST AV TRÉSOR LITTÉRAL DVDIT CHAPITRE,

A ÉTÉ OVVERTE DE SON ORDRE PAR LOVIS ET CHARLES MONTIGNY, MAÇONS, POVR Y CACHER ET METTRE EN SEVRETÉ LES EFFETS PLVS PRÉTIEVX DVDIT CHAPITRE AV CAS QVE LE PÉRIL D'INCVRSIONS DES ENNEMIS CONTINVE ET AVGMENTE PAR LA PROXIMITÉ DES ARMÉES, LA CONTRIBVTION ÉTANT ACTVELLEMENT ÉTABLIE JVSQV'A CETTE RIVIÈRE.

FAIT SOVS Mʳ JOSEPH DELAHAY, DOYEN, ET Mʳˢ JEAN ET

CHARLE OVAL, FRÈRE, ET BABTISTE DE LA MASSONNIRRE (1), tous chanoines capitulans représentants le corps du chapitre.

Le lecteur trouvera de plus amples renseignements sur ces cryptes dans le rapport de M. Garnier, que donnera le *Bulletin de la Société des Antiquaires de Picardie* (n° 3 de 1860, t. vii).

* *

(Page 139.)

10. — Pendant la révolution, une délibération de l'administration municipale du canton de Picquigny, datée du 3 floréal an vi, avait fixé l'époque des marchés dans la commune de Picquigny, « cy-devant appelés marchés-francs, au primidy de la seconde décade de chaque mois du calendrier républicain ; ledit jour ainsy choisy comme le plus rapproché des époques anciennes de la tenue desdits marchés. » Voyez *Registre aux Délibérations de la municipalité de Picquigny ;* Archives départementales.

(1) L'inscription tracée en majuscules s'arrêtait d'abord ici : une autre main a ajouté les mots suivants en caractères romains.

TABLE DES MATIÈRES [1]

		Pages.
I.	Préliminaire	1
II.	Bourg de Picquigny. — Son origine. — Son état actuel.	2
III.	Le château. — Puissance et richesse des barons de Picquigny. — Vidamé.	8
IV.	Premiers barons et seigneurs de Picquigny. — Leurs fondations religieuses et charitables.	22
V.	Suite des barons de Picquigny. — Jean député dans l'Albigeois. — Son excommunication.	31
VI.	Derniers membres de la famille de Picquigny. — Détention des Templiers au château	42
VII.	Origine de la famille d'Ailly. — Bauduin, Raoul et autres seigneurs de Picquigny	52
VIII.	Suite des d'Ailly. — Le nom transmis aux ducs de Chaulnes. — Charles, ambassadeur à Rome. — Lettre du pape	62
IX.	Famille de Chevreuse. — Michel-Ferdinand, physicien. — Décret de la terre de Picquigny. — Procès sur sa mouvance	78
X.	Établissements religieux : églises paroissiales ; — Chapitre de Saint-Martin ; — Abbaye du Gard.	89
XI.	Établissements de bienfaisance: Hôpital ; — Léproserie ; — Confrérie de la Miséricorde ; — Écoles gratuites...	111

(1) Nous avons dû renoncer à la publication de la table analytique que nous avions préparée, parce que non seulement l'abondance des faits, mais encore le grand nombre des noms de personnages et de lieux que rappelle notre Notice donnaient à cette table des proportions vraiment trop étendues pour une œuvre toute locale.

		Pages.
XII.	Administration communale : Mayeurs, échevins et autres officiers de la commune.—Ses biens, revenus et charges, droits et privilèges.—Police municipale....	127
XIII.	Faits et usages divers.—Halle et marchés.—Population.—Savants	139

APPENDICE.

I.	Notes et additions concernant les vidames et la baronnie.	151
II.	Notes concernant l'église et les institutions religieuses.	163
III.	Notes concernant les établissements charitables.......	170
IV.	Notes concernant la municipalité..................	180
V.	Notes diverses............	186

GRAVURES :

Vue ancienne du château.
Sceaux de Picquigny.

Abbeville. - Imp. de P. Briez.

www.ingramcontent.com/pod-product-compliance
Lightning Source LLC
Chambersburg PA
CBHW071947110426
42744CB00030B/621